高校语文教学策略与创新发展研究

曾婷　康建鑫　吴菡　著

延吉·延边大学出版社

图书在版编目（CIP）数据

高校语文教学策略与创新发展研究 ／ 曾婷，康建鑫，吴菡著． -- 延吉 ： 延边大学出版社，2024.7. -- ISBN 978-7-230-06931-1

Ⅰ．H193

中国国家版本馆CIP数据核字第2024GP5217号

高校语文教学策略与创新发展研究

著　　者：曾　婷　康建鑫　吴　菡	
责任编辑：张海涛	
封面设计：文合文化	
出版发行：延边大学出版社	
社　　址：吉林省延吉市公园路 977 号	邮　编：133002
网　　址：http：//www．ydcbs．com	E-mail：ydcbs@ydcbs.com
电　　话：0433-2732435	传　真：0433-2732434
印　　刷：廊坊市广阳区九洲印刷厂	
开　　本：710 毫米 ×1000 毫米　1/16	
印　　张：13.25	
字　　数：200 千字	
版　　次：2024 年 7 月第 1 版	
印　　次：2024 年 7 月第 1 次印刷	
书　　号：ISBN 978-7-230-06931-1	

定　　价：78.00 元

前　言

　　高校语文是面向高校非中文专业学生开设的一门基础性课程，其主要目的是培养学生的人文素养，提高学生的语文综合能力。为弘扬中华优秀传统文化，培养学生的人文素养，创新高校语文教学策略，开发适合高校的语文课程迫在眉睫。语文课程不仅可以增长学生的人文知识，培养学生的人文精神，而且可以使学生具备强烈的社会责任感和道德使命感。教师在课堂教学中只有把握好自己的角色，尊重每一个学生的人格，鼓励学生求新、求异，树立师生平等的教学观念，构建平等对话的平台，在坦诚、互相尊重的环境里与学生一起学习，才能达到最佳的教学效果。

　　本书概述了高校语文课程的概念和发展历程等内容，详细地分析了高校语文教学的基本原则、高校语文教师的基本技能，并深入探讨了高校语文阅读教学、写作教学、口语交际教学的情况，之后阐述了高校语文教学模式的创新。希望本书能够为读者提供高校语文教学实践研究方面的帮助。

　　本书在撰写过程中，参阅了大量的文献资料，引用了诸多专家和学者的研究成果，在此表示诚挚的谢意。书中的不足之处，敬请读者批评指正。

目 录

第一章　高校语文概述

第一节　高校语文的教学目的

语文教育应当兼有工具性、审美性和人文性。相对于小学、中学的基础性语文教学，高校语文教学更应该把人文性和审美性作为高校人才培养的目标。在基本的听、说、读、写能力培养的基础上，学校更应该教会学生怀着真善美的心来感受生活，懂得对国家对社会的担当，用积极的心态去思考人生。也就是说，高校语文教学要培养高素质的人才，就要帮助学生拓宽视野，让他们去读更多的中外文学典籍，去直接吸取作品中的思想，去直接得到审美熏陶，从而提高自己的文化底蕴和审美能力，使民族的文化和品格真正浸润到他们的内心中，真正做到提高个人素质和修养，向着"完善的人"的目标迈进。高校语文的教学目的主要包括以下几个方面：

一、培养学生的人文精神

儒家的经典著作《大学》里面提到："大学之道，在明明德，在亲民，在止于至善。"从中我们可以看到，中国古代就强调培养人文精神。那么，什么是人文精神呢？人文精神，是指人对于自然、社会、他人以及自己的态度，这种态度在表面上表现为对人的价值、尊严和命运的追求、维护和关切，同时对人类传承下来的各种精神文化又高度珍视，从而努力去发展一种理想的人格。那么，如何在高校语文教学中培养学生的人文精神呢？

首先，要帮助学生树立正确的世界观、人生观和价值观。在这个物欲横流的社会中，这一点显得尤为重要。高校语文教学通过鉴赏文学作品，积极引导学生爱国为民、关心社会、积极用世、具有建功立业的积极奋进精神。"路漫漫其修远兮，吾将上下而求索"的屈原，对理想不懈追求；"穷年忧黎元，叹息肠内热"的杜甫，对国家和人民怀着赤子之情；"了却君王天下事，赢得生前身后名"的辛弃疾，心怀恢复国家统一的志向……这些传统文学中蕴含的民族精神无不深深地激励着年轻的学子，对他们树立崇高的人生理想有着重要的作用。

其次，高校语文教学还要注重培养学生形成豁达的胸襟。教师应该教会学生坦然地面对社会和人生，坦然地面对挫折，不能稍遇挫折就灰心丧气，甚至走向堕落犯罪。教师应引导学生学习司马迁为了继承祖辈写史的大业而忍辱负重的精神；学习苏轼面对多舛的命运，仍然具有豁达的胸襟，唱出"大江东去，浪淘尽，千古风流人物"的豪放之词……这些古代文人的人生经历和精神品质都可以作为很好的资料来教育学生，培养他们养成开阔的胸襟，这对他们以后的学习和生活都具有重要作用。

最后，培养学生热爱自然、热爱生活、热爱生命。只有热爱生活，才会觉得生活美好、生命美好。高校语文教师要在引导学生鉴赏文学作品中，帮助学生形成热爱自然、热爱生活、热爱生命的思想，养成求真求美的心境。

二、培养学生的审美能力

高校语文教学从本质上来讲，是审美教育的一个学科。所以，高校语文教学要立足于塑造学生美的心灵，提升学生对美的感受力，培养他们创造美的能力。

审美教育，顾名思义，就是一种依靠审美活动来对人进行教育的教育形式。把高校语文归为审美教育的一个学科，是因为可以通过鉴赏文学作品来对学生进行美的感染和熏陶，提高他们欣赏美的能力，学习欣赏美的技巧，使他们形成健全的人格。文学艺术是通过语言文字来塑造美和体现美的，可以说，一部优秀的文学作品就是美的集中体现，它可以引导学生去感受美的本质，体验美的境界，从而去创造美。因此，高校语文教学要立足于审美教育这个目标，结合学科特点对学生进行审美教育。

那么，如何在高校语文教学中更好地进行审美教育呢？

首先，要让学生学习一些必要的美学理论知识。例如，在教学中可以渗透审美形态：优美、崇高、喜剧、悲剧、丑、荒诞。通过对课本中文学作品的品读，让学生体会不同形态的美，体会蕴含在社会、人生、心灵、艺术中的美。这些审美对象千姿百态，学生获得的审美体验也不相同。这对提高教学质量也是大有裨益的。

其次，要使高校语文教学场景充满美感，这样才能引起学生的兴趣和审美注意，从而获得较好的审美体验。那么，怎样美化教学场景呢？现代科技日新月异，教师要发挥自己的创造力和想象力，运用多种教学手段，为语文教学创造丰富多彩的场景，当然要很好地配合教学内容来实施。例如，可以搜集一些图片、视频、音乐来配合所讲内容，在鉴赏《红楼梦》时，可以播放电视剧《红楼梦》，使学生对人物形象、贾府由繁荣到衰败有更好更直接的感受和审美体验。总之，创设充满美感的教学场景需要教师和学生共同努力，这样才能收到更好的教学效果，更好地提升学生对作品的感知能力，发挥他们的想象，从而更好地进行审美体验。

最后，要鼓励学生诵读古今中外的文学名著，培养他们的审美能力，从而达到审美教育的目的。朗诵是一种有效的教学手段，它是将书面文字有声化。朗诵可以使学生更好地感知和理解作品，从而激发学生的想象力和感受力，达到陶冶性情的目的。

第二节　高校语文教材的特点

一、知识结构的整体性

高校语文教材不同章节的教学要点、内容等都存在一定的联系，并形成相对独立的体系，包含了大量的语言、文学、哲学、历史、宗教、道德等知识。应用这一教材设计教案、课时，能够将总体学习目标与阶段性目标联系起来，从而体现出高校语文的整体性特征。虽然高校语文教材具有不同版本，编者不同，教材结构划分、重点内容设计存在差异，但其知识结构都具有整体性的特点。例如，王步高版本的《大学语文》教材在编写时，按照文学史的结构进行编写，其中小说部分按照时代进行划分，学生在学习时能够了解不同时代文学的发展情况、写作风格，从而进一步提高学习的有效性。而且，学生之后再自主学习小说类文章时，就能够自主分析文本的写作风格、写作特点等，提高了语文鉴赏能力。另外，高校语文教材为了体现知识结构整体性的特点，在对单元进行划分时，不同单元所体现的重点内容是不同的；教师在设计教学内容时，为了体现知识结构整体性的特点，需要根据重点内容制订教学计划；学生在自主学习时，也能够重点学习主要内容。但部分高校语文教材在设计时，没有将各个类型的文本综合整理，甚至爱国主义情怀不强，难以达到培养学生爱国主义情感的目的。

大学阶段的语文教学时间较为灵活，贯穿整个大学课程体系中。虽然学生具有一定的语文学习基础，但是大部分学生对语文综合知识了解不深。为了提高教学的有效性，使教材知识结构具有整体性，大部分教材编写者将课程内容按照结构类型进行分类，使教师能够有针对性地进行讲解。例如，在学习散文时，教师会根据教材知识结构引导学生总结散文的特点、写作手法等内容，并引导学生自主创作，达到提高学生写作能力的目的。虽然运用这样的方法进行教学能够提高教学的整体性，但部分高校语文教材缺乏主题，课文之间的联系性不强，教师在进行教学工作时需要花费较长时间整理教学内容，降低了备课效率。因此，高校语文教材仍需加大力度进行改进，以实现知识结构的科学性。

由于大多数学习高校语文的学生是非中文专业学生，他们的语文综合能力不强，甚至存在语文知识缺乏的现象。在按照知识结构进行教学时，为了提高教学有效性，发挥出知识结构的优势，教师需要在教学前对这一部分的整体结构进行分析，并为课程设定主题，使学生在教学中能够了解教学重点，进一步提高教学有效性。另外，由于部分学生对学习文言文的兴趣不高，如果高校语文教材按照文学类型进行分类，会出现学生学习兴趣不高的问题。为了既避免这一问题发生，又使知识结构具有整体性，教材编写者需要在设计高校语文课程结构时，将文章类型进行穿插，使一单元中既有现代文又有文言文，调动学生的学习积极性，进一步提高教学有效性。在针对不同专业开设高校语文课程时，需要提高知识结构的整体性，并明确结构类型，根据学生的喜好进行设计，使学生转变对语文课程的态度，提高学生学习高校语文课程的积极性，促进高校语文教学工作进一步发展。

二、选文内容的经典性

高校语文的课程性质和学科定位，是高校语文课程开设以来一直讨论的中心话题。与中学语文的区别、在高校学科系统中的地位、对学生的作用等，成为准确把握高校语文教学的前提。开设高校语文课程的主要目的是提高学生的文化素质，教材中选取的大量经典文学作品，不仅能使学生熟悉和掌握传统经典，还能提高学生的综合能力。但部分大学目前使用的教材为通用本，其中内容大都为古代文学作品，教材内容难以满足学生的学习需求，导致课堂教学与学生之间存在一定的距离感，降低了学生的学习兴趣。例如，学生在学习中对小说类的作品较为感兴趣，为了提高教学的有效性，教师可以在引入经典作品的同时，融入现代优秀作品。《一只特立独行的猪》较受学生欢迎，并且其内容能够满足教学需求，为了使高校语文教学内容与时俱进，并提高教学有效性，教师可以将这一作品或者类似的作品相应地融入教学课程中，使教学增加趣味性，并提高教学效率。

在教学改革不断推进的背景下，为了促进高校语文教学进一步发展，应对教材选文内容进行分类整理，并按照学生的喜好选择教学内容。在整理教学内容时，教师可以先将教学内容进行分类，更换部分选文内容。教材中的部分内容虽然具有经典性，但难度较高，无法为学生进行系统的知识讲解，为了改善这一现状，需要优化教材内容。例如，陈洪主编的大学语文教材内容较为合理，并且其中有较多经典文学作品，如《秦腔》《语言的功能与陷阱》《汉字如魔方》等。这些既具有优秀文化传承性，又能提高学生模仿能力的优秀选文，具有较强的感染力，能够提高教学有效性。

由于高校语文教材编写者不同，其编写思路、编写想法存在一定的差异，其选文的经典性不同，发挥出的有效性也存在差异。例如，徐中玉主编的教材内容注重提高学生的能力，其中内容开放性较强，学生能够应用这一教材提高自身的语文综合素养；王步高主编的教材在编写时添加了脚注，对部分较难的内容进行了注释，能提高学生的阅读效率，并且由于其对语文综合能力较为重视，在编写教材时，将不同类型、不同结构的文本引入其中，选择的文本内容较为经典，学生在教师的指导下能够了解文本的内涵，进一步提高学习效率。

总之，为了发挥高校语文教材的作用，教材编写者应贯彻落实国家对于教材编写的方针政策，根据学生的需求选取经典文学作品，从而提高学生的学习兴趣，培养学生的语文素养，推动高校语文教学工作进一步发展。

三、表达方式的审美性

高校语文教材将语言文学、文化知识进行整理，包含一定的思想文化内涵。高校语文课程是传播知识的载体，使学生能够进行情感交流。语言是人类最重要的交际工具，使人类能够将自身的想法进行传达表述。随着中国的不断发展，高校语文课程内容不断完善，无论诗歌、散文、小说、戏曲，无论叙事论理、写景抒情，都不乏美文美句，对塑造学生健全的人格起到重要作用。教师在教学过程中需要加强引导，使学生能够通过学习优秀作品，提高课文审美感悟能力，提升自身的语文素养。

高校语文课程的主要任务是提高学生的语文综合能力，因此教材中的内容较为丰富，作品类型较为完善。在教学时，教师应丰富文章的写作背景、作者的生平事迹等，使学生能够感受文章中的美，树立正确的审美意识。另外，在进行语文教学时，教师需要根据学生的性格特点选用合适的教学方法，保障教学工作能够培养学生的审美情趣。但也有部分学生对语文课程缺乏兴趣，其语文综合能力没有得到提高。为了改变这一现象，教师要在设计教学内容时融入美的形象、意境。在教学时，教师要对学生加以引导，使学生能够主动分析课文内涵，帮助学生形成良好的审美能力，为学生以后的学习和工作奠定良好的语言基础。

第三节　高校语文的教学任务

一、增强母语的感染力

母语是人们思维的载体，能够帮助人们认知事物、分析与归纳问题、表达思想和沟通信息。在大学阶段，学习语文能够提高学生的语言表达能力，丰富学生的内心修养，影响其思维能力和创造能力，对其他语言的学习也有一定的帮助。汉语是我们的母语，虽然学生在进入大学之前已经学习、应用了较长时间，但高校语文教育的主要目的是提高学生的语文综合素养。在进行教学设计时，教师要对阅读、欣赏、表达等内容进行科学设计，从而进一步提高教学有效性。由于高校语文课程具有一定的整体性，为了能够进一步提高学生的语文综合素养，教师需要选择合适的教学方法，培养学生的审美能力。另外，在高校语文教学中，为了完成增强母语感染力的教学任务，教师要在设计教学内容之前了解学生的语文学习情况、学习能力，并研究课程设置、教学设计方式等内容，使教学工作具有针对性，以提高学生的阅读能力、欣赏能力和理解能力，推动学生进一步发展。

二、提升学生的艺术审美力

艺术审美力，又称为艺术鉴赏力，是指人们感受、评价和创造美的能力。艺术审美力对学生的思想情感的发展具有一定的影响。为了提升学生的艺术审美力，教师需要合理设计教学内容，提高学生发现美、创造美的能力。在高校语文教学中，教学工作需要发挥出语文学科中的人文性和基础性作用，进而提升学生的艺术审美力，推动学生全面发展。

高校语文教学使用传统方法难以提高教学有效性，为了改善这一情况，教师需要提高教学针对性。例如，教师在教学时要先对学生进行基本审美能力的培养，并根据学生学习情况进行审美教学，使学生能够进一步提高对语言的感悟能力，进而感受到语言的美。

教师在教授高校语文时，为了达到提升学生的艺术审美力的目的，需要合理设计教学内容，帮助学生对作品进行感悟。写作教学是语文教学的主要任务，为了进一步提高写作教学的有效性，教师需要在教学时加强写作训练，使学生能够感受到语文的美，并应用到实际生活中。通过这样的方式进行高校语文教育，学生能够在学习中逐渐提高艺术审美力。

三、激发学生的开拓创新能力

创新是一个民族的希望。教师在进行高校语文教学时，需要按照学生需求合理设计教学工作，达到培养学生的创新能力的目的。在对高校语文教学进行设计时，教师可以应用问题教学法设计教学内容。例如，在具体教学过程中，教师可以先带领学生分析文章中所蕴含的情感，并向学生提出与教学内容相关的问题，激发学生的创造性思维；另外，在教学中营造创新氛围，能够进一步提高学生的学习积极性，并培养学生的创新能力。

高校语文教育的一个重要任务是提高学生的创新能力和实践能力，使学生能够满足时代发展的需求。为了达到这一目标，教师要将培养学生的创新能力放在重要位置。例如，教师在教学过程中要引导学生思考解决问题的方法，使学生能够形成解决问题的能力，并启发学生的思维，探索解决问题的创新方法。另外，为了使教学达到激发学生的创新能力的目的，教师需要在教学前对文章内容进行全方位的审视，并将自身作为发现者、研究者了解文章的内涵。在教学时，教师要带领学生分析文章，了解文章内涵，潜移默化地提高学生的思维能力，进一步提高教学的有效性。

四、提高学生的人文素质

高校设置语文课程要以提高学生人文素质为教学目标，帮助学生分析和理解文学作用，使其能够从社会、历史、哲学等多个方面获得基本素养的提高。因此，语文教学对提高学生的人文素质发挥着重要作用，具体表现在以下方面：

（一）丰富学生的精神世界

高校语文教学过程中，阅读和赏析文学作品可以激发学生的精神共鸣，文学作品中蕴含的深厚的人文精神有利于丰富学生的精神世界。现代大学生生活在较为安逸的环境中，社会实践经验较少，个人的精神文化世界较为局限。将人文素质教育引入高校语文教学中，可以通过丰富多彩的文学作品，帮助学生构建和丰富精神世界。

高校语文教师可以利用经典的文学作品激发学生的学习热情，让学生产生情感共鸣。例如，著名作家余秋雨的文章《都江堰》生动描绘了都江堰水利工程的壮观景象，并抒发了作者对国家对未来的殷切期望，对于学生人格培养、理想确立提供了精神动力。

（二）提高学生的文学修养

文字写作能力和语言表达能力是评价学生人文素质的重要指标，高校语文教学进一步深化了学生的语文功底，提高学生的文学修养。高校语文教学可以通过阅读和写作两个重要的教学环节，帮助学生找到适合自己的文学格调，提升学生的阅读能力和写作水平，进一步提高学生的文字应用能力和语言表达能力，使其能够通过文字抒发自己的情感和思想，为现代化文学人才的培养奠定良好的基础。

总之，随着经济的快速发展，社会对人才的要求不断提高，高校学生不仅要具备扎实的专业知识，还需要较高的人文素养。语文教学对提高学生人文素养发挥着重要作用，高校教师必须提高对语文教学的重视程度，通过分析和欣赏文学作品，丰富学生的精神世界，提高学生的审美素养和文学修养，同时开拓学生的思维，促进学生的全面发展。

第二章　高校语文教学原则

第一节　高校语文教学原则的实质

一、遵循语文教学的基本原理

语文教学在当下已经成为教育体系当中一个重要的环节。高校语文教学的基本原理体现在以下几个方面：

一是"不求甚解"原理。在语文学习过程中，学生对于各种语文知识的疑问并不一定非要寻求到"标准答案"，原因有很多。首先语文本身就是一门充满感性和个性的学科，正如对一个角色可以有多种解读一样，对于语文，学生可以从多个角度来理解，采用多种方式来学习。语文的学习离不开主观色彩，所以语文中的问题不能全部都有标准答案。"不求甚解"这个词对于其他学科的学习来说是错误的，但是对于语文来说却是语文学习的原理之一。语文的"不求甚解"还体现在学习方式上，许多学生在学习语文时遇到了一些问题，就一心去寻求解决的办法。但是语文学习是有深度的，在某个阶段可能并不适合去解决一些问题，这就要求学生先积累

"量"，再去实现"质"，只有这样才能够真正从量变达到质变，帮助其探索语文真正的奥妙。

二是书面语发展原理，这也是高校语文学习的原理之一。语文教育对于学生来说无外乎培养听、说、读、写四个方面的能力，这也导致很多家长和教师产生了对于语文学习原理的误解，他们认为学习语文，读、写代表的就是书面表达，听、说代表的就是口语，这种错误的认知会影响到学生在学习时所探索的具体方向。学生在学习过程中错误的学习目的也造成了不良的学习后果。听和说，包含口语交际，但是使用的语言并不局限于口语，而读和写是书面交际，但是也并不会被书面语所限制。对于很多学生来说，这种误区从小学延续到了大学。学生需要认识到，书面语言的发展具有悠久的历史，并且随着时代的变化有所创新和变化。口语的各种规则也需要通过有序、系统的学习来掌握，而不是仅仅靠生活的经验积累。

三是先用后理解原理。通常在学习其他学科时，学生都先了解理论知识，再进行练习、试验或者研究，但是语文的学习与这些学科具有一定的区别。语文应用于生活的方方面面，不可否认的是语文是每一个人最熟悉的学科，也是与每一个人联系最为紧密的学科。语文课程当中涉及很多语言和文学方面的知识，如语法、修辞、写作手法等，但是对于很多人来说明白并且能够应用这些知识是具有一定难度的。例如，在语文教学当中教学生写对子，这种教学其实暗藏着对词语、语法以及修辞、逻辑等多个方面的学习。固然传统的教学内容不适用于现代社会，但是仍旧可以运用创新的思维展开应用，利用先用后理解的手段，能够在一定程度上帮助学生获得不一样的语文学习体验和语文学习成果。

四是"八股文"原理。八股文作为封建社会的一种选评官员的考试文体，不适用于现代社会，但是八股文也具有一些可取之处。八股文写作的内容以及体裁从本质上来讲算是一种古老的议论文，议论文是当代语文教育从学生初中开始就必须学习的内容，所以八股文尚且具有一定的可取之处，但是必须能够准确利用创新思维取其精华，去其糟粕。学生的语文学习多半是从模仿开始的，而利用一个合理有效的格式去帮助学生学会模仿则能够有效推进其学习的进程。将八股文当中模式化和规范化的思想适当应用在当前的语文教学中，能够在很大程度上帮助学生在具有自我创造的能力之前，获得一定程度的知识积累。任何一个人在成长的过程中都不能忽视"模仿"的作用，当然模仿并不能构成学习的全部内容，适当、合理并且带有创新思维的模仿能够帮助高校语文教育开展得更顺利。

就我国目前实行的教育政策来说，能够朝着"多本多纲"的方向发展才能够真正展现出语文教育的作用，也才能够真正体现出语文教育在高校教育整体结构中的重要地位和作用。高校语文教育过程是一个长期的、潜移默化的过程，更是需要教师、学生以及教育机构共同进行变革的过程，在探索并且遵循教学原理的基础上，才能够真正地体现出创新对于教学、对于研究的意义。

二、把握语文学习的基本规律

高校语文教学离不开对语文学习基本规律的把握，而语文学习基本规律主要表现为以下几个方面：

第一，多读多写。语文学习实质上是提升语文能力的一种手段，而语文能力的提升又离不开读和写。针对语文学习开展读和写的训练，并不是简单低效的读写，而是建立在明确目标基础之上的读写。多读多写能够有效提升学生的语文能力，在当代的语文教学过程中，读和写仍旧是语文教学的主要途径。语文教学利用读写来培养学生的能力，也是对现代教学论当中语文实践观点的一种践行。语文课程标准当中针对语文教学也有规定，语文的阅读和写作构成语文教育的主要实践渠道。大量的阅读和写作能够帮助学生增强自身的读写能力，也是学习语文的基础。在九年义务教育阶段中，教育部对学生的课外阅读量进行了规定，保证在义务教育阶段学生能够达到 400 万字的阅读量，这是从数量上对阅读进行的规定。大学虽然没有类似于义务教育阶段的语文课外阅读量的规定，但是对于大学生来说，也需要阅读大量的文章以开阔视野。无论在哪个阶段，阅读都能够成为提升自身素养的有效手段。而写对于学生来说也不仅仅被限定在写作以及默写当中，写作应该是学生必备的能力，无论是在古代还是近代，优秀的文章和作品都能够代表一个人的文学素养。当代培养学生文学素养的途径包括体验、调查、访问等，而学生学习语文以及教师开展语文教学的过程都离不开"写"，用文字来表达才能真正体现学习语文的价值。

第二，训与练合理结合。训练对于语文学习来说并不只是简单的习题和作业，而是需要教师和学生从训和练两个方面来进行。首先是训，在这一方面教师能够发挥出十分重要的指导作用。学生的学习从根本上来讲离不开教师的传授，教师开展教学也就是对学生的"训"。而练则面向的是学生，学生无论是自主的练，还是为了完成教师布置任务的练，都是学习过程当中必不可少的。在训和练的过程中还需要体现出创新思维的作用，创新的方式能有效帮助学生在一个较活跃的环境中开展学习活动。在开展训练时，从教师的角度来说可以有效地融合创新思维，不断提升自身"训"的方式和能力，吸收一些教育领域的先进经验，并且结合当下学生的喜好和特点开展"训"；而学生在"练"的过程中也可以对已有的方式进行创新，寓"学"于乐，巩固已有的知识，探索未知的语文世界。叶圣陶先生曾经说过，训练不是烦琐的讲解，这也是对传统死板讲解教学方式的否定。训和练合理结合，才能够发挥出教师与学生两个主体的主观能动性，达到1+1>2 的效果。

第三，循循善诱。"循循善诱"一词出自《论语》。孔子作为我国历史上著名的教育家，对弟子的教育往往在当代也具有一定的参考价值。"循循然善诱人"，这是对孔子教学方式的概括。在对一些弟子进行教育的过程中，孔子十分重视启发式教学这一手段。启发式教学对于充满好奇心的学生来说能够在满足其当下求知欲的前提下，帮助其产生对其他内容的求知欲，这样才能够保证学生对知识永远怀有一颗探索的心。孔子在教授学生知识时，十分重视对"循循善诱"的应用，这种古代就产生的教学方式并没有因为时代的变革而失去其价值，反而在当代的高校语文教学中也能发挥出有效的作用。高校语文教学离不开教师对学生的指导。当学生了解到自己对知识的探索取得了一定的成果，而已取得的成果在整个知识海洋中仅占很小的一部分时，就会激发出对于未知领域的好奇心和探索心，从而产生求知欲，努力汲取知识。

三、汲取语文教学的实践经验

语文教学通过实践总结出各种教育方法和理念，语文教学的发展历程从一定程度上来说也是语文教学经验不断累积的过程。在语文教学中，每一位教师都通过教学工作积累一些新的经验，这些经验也成为日后语文教学的重要参考。语文教学的实践经验包含方方面面，如教师要帮助学生提高学习语文这门课程的兴趣，这对语文教学来说十分重要，只有学生从心里喜欢上这门课，才能够在日后的学习中取得好的成绩。学生在学习时，需求是什么，喜欢什么，厌恶什么，这些问题都影响到语文教学的具体开展。而在实践当中，学生对知识的探索心和好奇心也受到教师教学能力和教学方法的影响，所以教师必须认真总结前人经验，运用不同的教育理念和教学方法提升自己的教学应用能力。昨日的教学实践可以成为今日的教学经验，教师总结经验提升自我的同时，也可以从庞杂的教学经历中筛选出重要内容，而不是盲目地照搬。同时，学生也可以有效积累在学习过程中学到的各种知识，从中探索出一条适合自己学习及发展的道路。

语文教学的实践经验积累，能够帮助教师坚持语文教学原则。高校语文教学不同于小学、中学的语文教学，教师所面对的教学内容以及学生的情况都有较大的差异，并且大学阶段的语文教育往往会受到整体学习环境的影响，没有了应试教育的强硬要求，学生对于语文学习产生了松懈、忽视思想，这都是十分常见的现象。在以往的高校语文教学中，教师所积累的经验也会因为时代的变化而产生一些不适用性，只有跟上时代的步伐，利用创新思维和创新手段，才能保证语文教学朝着更高质量的方向不断进步。

第二节　高校语文教学的基本原则

一、工具性与人文性统一的原则

高校语文教学一项十分重要的原则是保证工具性和人文性的统一。高校语文教学脱离不开语文本身的特质，语文作为工作和生活中不可忽视的交际工具，对于文化的构成来说十分重要。在教育部针对语文教育所制定的课程标准当中，关于语文教育性质的认识强化了"工具性和人文性统一"的原则。语文教学不可忽视的是培养学生在现实生活中应用语文的能力，但同时并不会抛弃语文所具有的人文性。目前，我国所进行的教育都离不开人文性。人文教育是指对受教育者所进行的实践活动和意识活动，进行一种旨在促进其人性境界提升、理想人格塑造以及个人与社会价值实现的教育，其实质是人性教育，其核心是涵养人文精神。人文精神来源于欧洲文艺复兴时期，强调将人的本性融入艺术当中，艺术不再是冷冰冰的文字、符号，而是充满了人性温暖和人文光辉。教育不是对器件的塑造，而是对人的培养，工具性和人文性相结合才是真正的教育原则，并且在高校语文教育当中应当得到良好的体现。

在很长一段时间内，学术界对语文学科的人文性和工具性展开了深刻的探讨和争论，不同的学者对语文学科的性质探讨具有不同的观点。工具论者认为语文作为一门学科，实质上是一种培养思维和传递信息的工具；而人文论者则认为语文教育对于学生和教师来讲，都是站在人的角度去进行教育，教育离不开人性的特点和培养人的目的。人文论者对语文学科的认知就是将人文性当成语文学科的本质属性。这两种论调在一定程度上都具有片面性。实质上的语文教学应当在人文性和工具性的和谐交融中进行，不能忽视二者当中的任意一方，同时不能过分偏向于哪一方。语文是重要的交际工具，是人类文化的重要组成部分。工具性与人文性的统一，是语文课程的基本特点。无论是哪一阶段的语文教育，这两个方向都能够帮助学生有效提升自身的能力和认知范围。丁培忠先生曾经说过："语文这种工具，不同于其他任何工具，它是交流思想感情的工具。这种工具，你不用它便罢，只要一用它，必然要赋予它自己的思想、观点、感情。"

高校语文教学所面对的学生具有一定的文学基础，同时由于年龄的特点，大学生更容易理解语文学科人文性与工具性统一的特点。在高校语文教材中，文章或诗词所表现的工具性和人文性的侧重点是不同的：有的教材偏向于工具性，那么教师在教学中就可以侧重传授学生听、说、读、写方面的知识；而有些教材中有较多的散文和诗词，充满文艺气息，这就需要教师侧重于传授学生人文方面的知识，帮助学生沉浸在充满美感的氛围中，感受语言和文字的美。但是从整体的语文教学规划上来看，工具性和人文性在大体上应保持平衡，这样才能不失偏颇，全方位为培养学生的创新意识和提升语文能力提供保障。

二、阅读与写作并重的原则

阅读与写作并重的原则在很久以前就被教育学家所重视，只有保证阅读和写作在一个合理平衡的范围之内，才能够开展有效的教学活动。叶圣陶先生就提到："从前语文教学只有两件事，一个叫读，一个叫写。实际上都还不大注重，只注重写，注重怎样让学生写出好文章。我常想，读和写到底哪一样重要？我看都重要，要并重。"而在实际教学中大家往往只注重写，这是传统的做法。从中不难看出"写"在语文教育中是受到重视的部分，但是这并不能说明"读"是语文教育中可以忽视的部分。读和写哪一部分更重要，一直是语文教学研究讨论的话题。真正能够全面提升学生能力的方法必然是阅读和写作并重，将二者共同作为语文教育不可或缺的部分。语文教育对于学生来讲最主要的目的是能够全方位提升自我，而只有保证阅读和写作并重，才能真正提升学生的语文能力。

阅读和写作并不是完全交融的，它们相互独立又相互影响。阅读可以为写作提供服务，一定的语文阅读能力是写作的基础。如果缺乏阅读，那么写作就会变成闭门造车，封闭的环境和封闭的思维无法进行优秀的写作实践。教师对学生的阅读指导能够有效提升学生的阅读能力，并且能够为学生学习其他语文知识打好基础。阅读能够有效开阔学生的视野，让学生在一个更加宽广的环境下吸收知识。如果写作成了阅读的最终目的，那么就会导致阅读的目的不再纯粹。阅读本身是一个开放的过程，阅读经典的作品就如同和具有智慧的长者对话，阅读的内容、品位和方式都可以在教师的有效指导下取得良好的成果。阅读还能够有效帮助学生开拓创新思维，使得创新思维不再受到狭窄知识面的限制。

写作教学的重要意义在于培养学生积累经验的习惯和磨炼写作技能。如果缺乏写作练习，那么学生就无法将已经学到的知识进行组织和归纳，脑海当中的知识点处于较为朦胧的状态，同时无法将学到的知识转化为自己的。学生为了走出这种朦胧的状态，就不得不多练笔。作文练笔必须有效表达自己的真情实感，对字词、句子乃至文章的整体构架都要进行宏观布局。教师应该从学生兴趣的角度开展写作练习，无论是哪种写作内容，学生感兴趣才能够真正写出心中所想。写作教学和写作都离不开生活。生活是艺术的来源，在生活当中学到的知识、经历的事物都会成为写作的素材。写作也可以看作生活的一部分，阅读并不是写作的唯一来源，阅读和写作之间既互相独立又具有关联性。只有正确处理这两者的关系，才能促进学生不断发展。

三、文道统一的原则

大学阶段对于很多学科来讲，是探索深度的升华，同理在语文的学习和应用当中，也不再局限于义务教育阶段以及高中阶段的学习层次，而是向更深的层次发展。文道统一是指在写作中，文章的文笔和思想内容相统一，相协调，相得益彰。文道统一是写作中一个非常重要的原则，是评价一篇文章优劣的重要标准之一。文道统一的原则要求教师在开展语文教学的过程中兼顾写作手法和思想方面的教育。在我国古代历史中，常常把一篇文章、一首诗词的思想内涵称为"道"，道没有固定的内容，在不同的情况下具有不同的含义；文章所采用的表达形式被称为"文"。现代的语文教育中，"文"和"道"指的是基本技能和思想这两个重要方面。

早在古代，教育家和学者早就认识到语文教学需要文道统一。"文以明道""文以载道"，都是语文教学流传下来的思想。而在近现代的语文教育中，教育家也逐渐认识到文道统一对于构建合理的语文教学框架的重要性。语文学科作为一门教育规划当中必有的学科，其教育意义十分丰富，其中培养学生热爱国家的思想是十分重要的一点。无论在何时何地，培养学生正确、积极的思想情感都是教育必须具有的目标。如果语文的学习仅仅停留在工具性上，那么教育将会变得冰冷无情。品德和思想的教育能够体现在教材的文学作品中。文学作品表达出的情感可以跨越时间和空间的界限传递到读者的心中，这也正是文道统一的一种体现。"道"的传承以文字作为载体，在历史中不断延续，并且通过教育传递到学生的心中，这正是文道统一的意义所在。即使不能身处某一时代，但是通过文学作品也能够了解那个时代的特点，加深对那个时代的认识。

四、文史哲整合的原则

文学、史学和哲学这三个概念本身既具有一定的独立性，又在文学的范畴中相互交融。高校语文教学的原则之一，就是能够将这三者进行整合。文学是一种语言艺术形式，也是语文最为人熟知的一面。哲学是对自然知识、社会知识、思维知识的抽象概括和总结，是世界观和方法论的统一。史学又被称为历史学，是对人类社会发展变迁的过程以及其中蕴含的规律进行揭示与阐述。这三门学科从表面上来看各不相干，但是在本质上却有一定的关联。在高校语文教育当中，应坚持文史哲整合的原则。文史哲的整合在很多文学作品中都有十分明显的体现。例如，英国作家肯·福莱特的《巨人的陨落》讲述了第一次世界大战前后，英德俄美等国家不同家族的主人公的命运在历史洪流当中所发生的变化。每一个人物的命运和成长都与这个时代紧紧结合在一起，世界的变化、时代的发展都体现在了文字当中。这部作品对人生和世界的描写，从哲学的角度来看也具有十分深刻的意义。文史哲的整合在这部作品中被表现得淋漓尽致，也让人了解到文史哲这三个要素是如何在同一部作品中体现的，这是这部作品成功的原因之一。文史哲整合的作品在古今中外的经典作品中并不少见。文史哲整合的原则在语文教育中，从小学、中学乃至大学都具有重要的影响，只有将这三者有效结合才能够真正体会到不同文学作品的深刻价值。

在我国的文学发展史中，文言文承载了众多的文学、史学和哲学内容，是古人智慧的一种体现。而我国的白话文诞生仅仅有一个世纪的历史，虽然在近现代发展迅速，却依旧没有文言文发展的时间长。文言文的作品中往往蕴含着丰富的史实和人生哲理。例如，在《诗经》中，作者对我国当时的社会现象进行了正面且真实的描写，这是文学作品在史学方面的价值，而赋、比、兴等多种表现手法在文学方面具有重要的价值。《诗经》也饱含着人生和自然界的哲学理念，如在《国风·王风·黍离》中就有"知我者，谓我心忧；不知我者，谓我何求"这样的人生哲学。文史哲的整合是语言文学发展历经多年而拥有的特性，应当成为语文教学重视的原则。语文教学从文学、史学和哲学三个方面入手，不仅可以加深对教材内容的解读深度，还能够帮助学生培养创新思维和乐于探索的习惯。

第三节　高校语文教学原则的实践

一、明确高校语文教学的思想

（一）整体观

高校语文教学需要有整体观，并且整体观的把握对于教学成果具有重要的影响。高校语文作为一门公共必修课，具有较重要的地位。高校语文以培养学生的人文精神、品德素养和艺术修养等为目标，为了促进高校语文更好更快的发展，首要的是树立正确的整体观念。高校语文的教学内容往往是具有艺术价值的文学作品，无论是古代文学作品还是现代文学作品都能够帮助学生提升自身的语文素养。教师在开展语文教学之前应该对语文教材的内容有一个整体的认知。教材提倡理性精神，同时注重人文关怀。人的主体地位是教育不可忽视的，古今中外的文学作品都离不开对人的价值的肯定。在高校语文教学实践中，应从整体把握教学理念和方法，对教学内容进行合理解读。高校语文教学对文本的解读，应立足于文本，并结合时代背景以及其中所蕴含的哲学内涵，这也正是对文史哲整合原则的一种有效的应用。教师在教学时也要体现出自身的学术品位，教师既要专注于语文教学本身，又要有一定的知识存储，而不是仅仅局限于课本。高校语文教学还可以通过链接课外的方式，打造一个课内外相结合的课堂，帮助学生在课内和课外都能学到语文知识。高校语文课程开设的目的是提升大学生的人文素养，而从整体宏观的角度开展的教育能够使学生接受更全面的教育，并且有助于学生在一个广阔的空间进行思维的创新与发展。

（二）能力观

高校语文对学生和教师的能力培养都有助益，能力观是语文教育过程中不可或缺的一部分。高校语文教学能够有效帮助学生树立高质量的审美观，对文字的审美能够体现出学生的内涵和素养，而高校语文教学能够培养学生的审美能力。高校语文教学在传授学生基础知识以及对文学作品进行赏析的过程中，能让学生感受到多种多样的美，无论是自然的名山大川还是人文的情感精神，这些美都可以通过语文的学习渗透给学生。高校语文教学能帮助学生培养创新思维和学习能力，学生对已知的内容存疑，对未知的知识产生求知欲，都离不开语文教学对于创新思维的培养。同时，高校语文还能锻炼学生的观察力，使学生观察文字及其隐藏的内涵，这些都是语文教学的独特魅力。

二、落实高校语文教学方法

高校语文教学具有多种教学方法，因材施教是其中一个重要的教学方法。因材施教是教师在教学中根据不同学生的认知水平、学习能力以及自身素质，选择适合每个学生特点的教学方法来进行针对性的教学。高校语文教学要做到因材施教，就要从把握学生的特点和选择教学方式两个方面入手。首先是对学生特点的把握，大部分学校将学生分为文、理两个主要专业方向，针对文科专业的学生选择《大学应用语文》等教材，选择有深度的教学内容；而针对语文基础稍薄弱的理科学生，选择难度较低的教材，也能够有效达到教学目的。教育对象自身的特点是不可以被忽视的，教学方式也需要结合时代背景以及学生的需求来进行改变。21世纪的语文教学可以和时代相融合，结合各种信息技术手段，而不应局限于传统的黑板和纸质教材的教学方式。

因材施教还应结合不同阶段语文教学的特点来进行。例如，九年义务教育阶段，传授基础知识是这一阶段教学最明显的特点；而到了大学阶段，学生的年龄和社会阅历逐渐增长，对高校语文教育的需求也逐渐向更加广阔的方向发展。因此，高校语文教师应推动语文教学向创新的方向和多重的维度发展。

三、创造学习语文的有利条件

教师为学生创造各种学习语文有利的条件，能够更加有效地发挥语文教学的作用，提升学生学习语文的质量，也是践行语文教学理念的一种有效手段。

首先，要打造宽松和谐的教学环境。严肃的教学环境虽然会带来良好的课堂纪律，但是势必也会因为氛围的压抑导致教学效果不理想。语文学习在宽松和谐的环境之下，学生对于语文课堂不再产生畏惧、厌恶的情绪，这也是实施教学理念的前提条件。很多学生不喜欢课堂，就是因为在课堂上，学生的个性受到压抑，同时又需要保持课堂纪律，或者对教师严肃的态度产生畏惧感，导致学生的思想无法扩展，创新思维被抑制。教师在课堂上的权威地位以及教师对期末成绩的把控都成了拉开师生距离的原因，教师要认识到的是，严肃的环境不仅不能提升语文教学的效果，还会对学生的天性和思维产生抑制作用。

其次，要让学生勇于质疑，只有质疑才能带来思维的碰撞。创新思维因为质疑而获得活力，课堂也会因为质疑的存在而变得民主、自由。质疑是学生发挥创造性思维的一种表现。教师应当采取多种方法保护学生的这种思维，同时鼓励学生通过质疑来表达自己的看法。

最后，引导学生探索性地思考问题。教师在语文课堂上抛出问题引发学生思考，但是仅仅采用传统的提问方式则不能取得好的效果。只有引导学生探索性地思考问题，才能让学生发挥自身的主观能动性，将外界赋予的知识转化为自身的能力。在学习一些课外的文章时，教师应给予学生足够的时间，让学生能够开展探索；打造良好的学习环境，营造良好的学习氛围，让学生能够真正从文学的宏观角度来进行语文学习。教材并不是语文教学的全部内容，更不是文学的全部内容，很多有价值的作品没有被收录到语文教材中。语文学习是对一门学科的探索，这种探索没有止境，也没有死板的约束，个性的发挥带来的是对语文学科知识的探求。

四、培养学生会学语文的智慧

语文教学无论在什么阶段都不能摒弃对学生语文智慧的提升，而这种智慧的提升手段主要有以下几种：

第一，明确语文学习的方向。在教师的引导下，学生能够不断提升自己对语文的审美品位，这为学生学习语文指明了方向。在学习一门学科时，正确的学习方向能够让学生少走弯路，也能够有效提升学习质量。例如，八股文的废弃，是时代淘汰的结果，也是对学习方向的一种判断。八股文之所以被时代淘汰，正是因为其僵化的写作模式限制了人的思维，使学习者只能在一个框架内发展，无法冲破牢笼，所以八股文不能适应时代的变化。这种淘汰使现代的学生受到启发，只有适合当下、适合自己的学习方法和学习手段，才能够成为学习的推动力。学习语文时，教师对学生的思想教育是不可或缺的，错误的学习理念不仅不能培养出对社会有用的人才，反而会培养出不适应社会的人。

第二，养成良好的语文学习习惯。在我国传统的教育当中，语文学习习惯的培养具有一定的科学道理。"好记性不如烂笔头"，不仅强调勤学多练，更强调了养成良好的语文学习习惯的重要性。定期阅读优秀的文章或文学作品，摘抄优秀的文学素材或诗句等，这些都是良好的学习习惯。在互联网时代，真正的阅读已经越来越难得，静下心来读几本书、写几篇文章，都是对语文基础的有效巩固。

第三，将语文与生活相结合。在生活中，一个人所听到的、表达的和思考的内容都离不开语文，将生活作为语文的应用场所，同时作为语文的学习资源，才能真正体现出语文学习的智慧。语文和生活无法割裂，二者相互交融。

五、探索创新教学的有效方法

教学方法对教学质量会产生直接的影响，学生和教师都应该成为创新教学的推动者，其中教师所起的作用是最为重要的。探索创新教学可以从以下几个方面进行：

一是创新课堂教学模式。教师可以对高校语文课堂教学模式进行一定程度的改变。例如，教师可以通过抛出问题的方式引导学生展开小组讨论，如教师在讲授一篇关于爱国情怀的文章时，可以向学生提出以下几个问题：作者的爱国态度如何？做法如何？当代青年的爱国态度和做法又是怎样的呢？

二是创新教学思维。教师在进行语文教学时，应将创新思维体现在具体的教学活动中，转变传统思想，为学生带来新的学习体验。高校语文教学中的创新思维是教师自身知识结构的体现，也是教学理念的体现。教师要不断吸收先进的思想和经验，并应用到教学中。21世纪的语文教学不同于传统的语文教学，创新理念要从教师渗透给学生。

三是创新教学评价机制。传统的教学评价机制虽然有一定的可取之处，但更多的是以卷面分数为参考标准，忽视了对学生的思维能力和素质的培养。这种评价机制不仅无法针对学生开展有效评价，还有可能降低学生学习的积极性，导致学生对语文学习失去兴趣。教师创新评价机制，应综合考虑卷面分数和学生的整体发展情况。

总之，系统性的考核方式、创新的教育理念、高效的教学手段，无一不是有效提升教学质量、促进人才培养的有效手段。高校语文教学方式的创新是时代发展的必然，也是学生对更高质量教育的一种需求。

第三章 高校语文教师的基本技能

第一节 教学准备技能

"凡事预则立，不预则废。"[①] 教师不打无准备之仗。教学准备技能是语文教学有条不紊推进的重要基础，是教师热爱教育事业、对学生认真负责的具体表现，教学准备技能水平的高低对教学能否成功起着间接性的作用。高校语文教师需要具备多项教学准备技能，包括教学设计、教学目标设置、教案编写技能、制定教学策略等，只有灵活、娴熟地运用这些教学准备技能，才能突出教学重点，攻破难点，实现教学目标，取得良好的教学效果。

一、高校语文教学设计

（一）高校语文教学设计的含义

高校语文教学设计是指以教育学、哲学、课程论、教学论以及心理学等作为理论基础，采取系统的观点和分析方法，对高校语文教学面临的问题和需求进行分析，制订高校语文教学规划。

---

① 戴圣：《礼记》，王学典译，江苏凤凰科学技术出版社，2018。

（二）高校语文教学设计的原则

高校语文教学设计需要遵循一定的原则，这是由高校语文教学内容的丰富性和教学过程的复杂性决定的。

1. 整体性原则

在高校语文教材中，每篇课文都是一个若干知识互通的有机整体，蕴含着丰富多彩的内容，呈现形式多种多样。这就要求高校语文教学设计的各个环节必须与高校语文教学原则密切配合，从多角度、多层次进行充分考虑，着眼于教学思想、教学内容、教学目标、教学评价等方面，展开全方位的整体性研究。

2. 综合性原则

字词句篇、听说读写、知情意行相得益彰、相互制约、相互作用，使高校语文课程展现出鲜明的综合性特征。教师进行高校语文教学时，需要综合考虑学生语文能力发展的协调性、整体性，综合安排相互渗透的三维训练，帮助学生更牢固地掌握基础知识，提高语文能力，塑造健全的人格，逐步提升人文素养。

3. 实践性原则

实践性是高校语文课程的本质特征。高校语文教学的主要任务在于逐步提高学生对语言文字的理解和应用能力，培养学生的多样化思维，全方位提升学生的语文素养和人文素养。高校语文教学设计要以这一主要任务为中心和引导，组织一系列的语文实践活动，使学生熟练地掌握语文这一交际工具。

4.差异性原则

以学生为主体的高校语文教学，需要充分考虑学生的个体差异性，为学生创造更多自主选择思维方式、学习方法的机会和空间，尊重不同学生对统一教材的差异化理解、体验与感悟。高校语文教学设计方案应该汇集学生不同的学习体验，并结合学生对所学知识的独特、多元反应进行有针对性的调整。

5.情感性原则

苏联教育家苏霍姆林斯基曾说："没有情感，道德就会变成枯燥无味的空话，只能培养出伪君子。"[①]高校语文教学设计不仅要考虑学生的认知因素，还要考虑学生的情感因素，力争发挥情感因素的积极作用，构建与课文情感相一致的教学情境，使学生置身于这种教学情境中，接受健康、崇高的道德情感的感染与熏陶。

（三）高校语文教学设计的基本模式

高校语文教学设计中可供借鉴的模式多种多样，下面主要介绍两种模式以供参考：

1.ARCS 动机设计模式

所谓动机，指的是推动人从事某种活动的念头。学生的学习动机直接

---

① 苏霍姆林斯基：《给教师的100条建议》，孟宏宏译，漓江出版社，2022。

或间接决定着教学活动最终的效果。ARCS 动机设计模式是由美国心理学教授约翰•M.凯勒提出的。这一模式认为影响学生学习动机的因素有四类：注意（attention）、关联性（relevance）、自信心（confidence）和满足感（satisfaction）。因此，教师在进行教学设计时，还应当进行适当的动机设计，即针对学生群体的动机状况和教学内容的特点设计相应的动机策略，设法使教学过程能够引起并维持学生的注意，建立起教学与学生之间的关联性，使学生产生并维持学习的自信心，并获得一种满意感，那么教学就能激发学生的学习动机。

总的来说，ARCS 动机设计模式可以分为四个实施步骤，如图 3-1 所示。

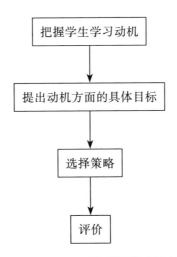

图 3-1　ARCS 动机设计模式的实施步骤

（1）把握学生学习动机

通过把握学生学习动机，教师能够确定在特定活动中有必要进行特别调整的某种动机因素。比如，在写作练习中，如果学生具备写作兴趣，但缺少写作的信心，那么此时动机设计的重点就可以转移到培养学生将文章写好的信心上。

（2）提出动机方面的具体目标

这一步骤要求教师发现与学生动机因素相关的各种行为。具体目标涵盖范围较广，主要包括知识、能力、情感、心理动作、语文素养等方面。以心理动作为例，能够证明学生具有某种学习动机的心理动作主要包括：学习任务的时间分配、注意力的分配、练习活动中的参与程度。

（3）选择策略

基于动机的策略选择，需要综合考虑和研究四个问题，分别是时间安排合理有效、与学习目标吻合、学生可以接受、有相应的教学方法和手段。

（4）评价

学习动机与学习效果是辩证统一的关系。学习动机与学习效果相互影响、相互促进，高度的学习动机有助于提高学习效果，而良好的学习效果反过来又能激发学习者的学习动机，形成良性循环。因此，评价要关注学习动机激发出的学习效果。

2.发现教学设计模式

美国著名心理学家杰罗姆·布鲁纳强调学科基本结构的重要性，认为教材的结构应该与学生的认知结构相配合，同时主张发现学习，支持并鼓励学生自己思考、比较、运用各种策略，从而探寻教材中的重要概念。① 发现教学设计模式主要包括以下四个步骤：

（1）提出问题

教师选定一般原理，为学生提供一些感性材料，使学生在问题的驱使下有步骤地学习，并提出疑难问题。

（2）构建问题情境

问题情境属于一种特殊的学习情境，教师在设置情境中的问题时不仅要立足学生当下的知识水平与能力，还要保证问题具有一定的挑战性，需要学生付出一定努力才能解决，从而培养学生探索未知事物的兴趣。

（3）提出假设

学生利用教师提供的材料寻求答案，充分运用直观思维提出各种对解决问题有所帮助的可能性，列举出解决问题过程中可能遇到的困难等。

（4）评价、验证并得出结论

教师引导学生充分利用自身的分析思维，对各种可能性进行反复求证、实验、讨论，寻求答案，培养学生综合运用所学知识独立分析和解决问题的能力。

---

① 杰罗姆·布鲁纳：《布鲁纳教育文化观》，宋文里、黄小鹏译，首都师范大学出版社，2011。

二、高校语文教学目标设置

语文教学，好比语文教师带领学生航行于知识的海洋中，也需要确立教学目标。教学目标是指预期的学生学习结果，它不仅是教学活动的出发点和最终归宿，也是激励学生、评估学生的主要手段之一。教学目标既与教育目的、培养目标相联系，又不同于教育目的和培养目标。

（一）教学目标的类型

布鲁姆将教学目标划分为三大类别，分别是认知领域、情感领域和动作技能领域，不同类别又有不一样水平的能力表现，如表3-1所示。

表3-1　不同领域教学目标的各级水平

认知领域	情感领域	动作技能领域
知识 领会 分析 运用 综合 评价	接受（注意） 反应 价值化 组织 价值体系的个性化	知觉能力 生理能力 技能动作 有意活动

高校语文教学目标对以上三个领域的内容都有涉及。比如，从认知领域来看，通过语文学习，学生能够认识大量生字词并理解其含义，或运用所学的语文知识解答问题；从情感领域来看，通过语文学习，学生能够对所学内容形成某种稳定的情感倾向；从动作技能领域来看，通过语文学习，学生能够准确朗读、书写所学的生字词。通常情况下，除了朗读指导、书

法指导，高校语文教学目标以认知领域、情感领域为主，这两个目标领域与我国传统语文备课理论中倡导的"文道统一"观点不谋而合。

（二）高校语文教学目标设置的原则

高校语文教学目标并不是凭空捏造的，而是需要遵循一定的原则来设置，主要包括科学性原则、计划性原则、可操作性原则和实际性原则。

1. 科学性原则

高校语文教学目标的设置坚持科学性原则，需要遵循以下三方面的规律：第一，遵循知识本身的规律，不能出现知识性错误；第二，充分考虑学生的思维特征，遵循学生掌握知识的规律；第三，遵循教学大纲和教材编写规律。

2. 计划性原则

高校语文教师需要设置一些远期目标、宏伟目标、整体目标，主要包括单元目标、学期目标和学年目标等。课堂教学目标的设置，要以这些大的教学目标为方向指导和基本遵循，有步骤、有计划地实现教学目标，从而取得良好的教学效果。

3. 可操作性原则

教学目标对教师教学、学生学习和教学评价具有重要的指导作用，所以教学目标的设置要保证有助于发挥这些功能，即教学目标要具有较强的可操作性。模糊、笼统的教学目标难以为教师教学提供具体的参照标准，容易使语文教学出现盲目性、随意性的问题。而准确、具体、清晰的教学目标能够为教师教学提供明确的参照标准，保证语文教学的针对性和规范性，以取得理想的教学效果。

4. 实际性原则

高校语文教学目标的设置必须以教学大纲的要求为依据，保证教学目标切合实际。在教学大纲中，对于思想教育、审美教育等内容都进行了明确的说明。高校语文教学目标只有严格按照教学大纲的要求来设置，才能保证教学目标的有效性和准确性，如果脱离教学大纲的要求，随心所欲地设置，最终就会达不成到教学目标。

三、高校语文教案编写

教师通过一系列的备课活动，以期制订出完整、完善、切实可行的课时授课计划，即教案，并以此为蓝图有计划地组织课堂教学。教案质量的优劣，主要是由教师的业务水平高低所决定的。在高水平、高质量教案的支撑下，教师的教学会得心应手、面面俱到，学生也能感受到知识学习的有序性、过程的流畅性、方法的便捷性、思维的灵活性。由此可见，高校语文教师具备良好的教案编写技能的意义重大。

（一）高校语文教案的内容与形式

教案是教师备课的结果，是教师教学智慧的结晶，是课堂教学的指导性文件。高校语文教案主要包括三部分内容，即单元计划、课题计划和课时计划。单元计划、课题计划是教案的纲要部分，主要包括单元题目、课文题目、教学目的、重点难点、教学方法、教学设计等。课时计划是教案的主体部分，主要包括教学目的、重点难点、教学过程、教学方法、作业内容、教学后记等。以下主要介绍课题计划和课时计划：

1.课题计划

所谓课题计划，是指一个单元或一篇课文的整体教学计划。根据内容的繁简程度，可以将课题计划分为完整的课题计划和建议的课题计划两种。完整的课题计划涵盖内容比较丰富，如表 3-2 所示，主要包括课题、课型、授课教师、专业、班级、授课时间、教学目的、重点难点、教学方法等。相比之下，简易的课题计划涵盖的内容比较少，如表 3-3 所示，主要包括课题、教学目的、重点难点、课时安排、教学过程等。

表 3-2　完整的课题计划格式

课题			课型		
授课教师		专业、班级		授课时间	
教学目的					
重点难点					
教学方法					
课时安排			教具		
教学设计					
教学过程					
提问设计					
板书设计					
作业内容					
教学后记					

表 3-3　简易的课题计划格式

课题	
教学目的	
重点难点	
课时安排	
教学过程	
板书设计	
作业内容	
教学后记	

2. 课时计划

根据内容的繁简程度不同，可以将课时计划分为两种，分别是完整的课时计划和简易的课时计划。完整的课时计划涵盖内容较为丰富，主要包括课题、课型、授课教师、专业、班级、授课时间、教学目的、重点难点、教学方法、教学用具等，如表 3-4 所示。简易的课时计划主要包括课题、教学目的、重点难点、教学设计、教学过程等，如表 3-5 所示。

表 3-4　完整的课时计划格式

课题			课型	
授课教师		专业、班级	授课时间	
教学目的				
重点难点				
教学方法				
教学用具				
教学设计				
教学过程				
板书设计				
作业内容				
教学后记				

表3-5 简易的课时计划格式

课题	
教学目的	
重点难点	
教学设计	
教学过程	
板书设计	
作业内容	
教学后记	

（二）高校语文教案的编写原则和方法

实际上，教学就是一种创造性的教学活动。教案是高校语文教师的教育思想、智慧、个性、经验、教学艺术性的综合体现。因此，教师在编写教案时应该遵循以下原则和方法：

1.编写原则

（1）科学性原则

科学性是指教师在编写教案之前，要认真研读教学大纲精神，在遵循教材知识编排内在规律和学生认知规律的基础上，进一步确定教学目标、重点难点。高校语文教学要想实现现代化、科学化发展，首先要从编写高质量的教案开始。高校语文教师在编写教案的过程中，要时时刻刻避免出现不科学的问题，如知识性错误、文化误导等。

（2）创新性原则

对于教师备课这项工作来说，在继承前人的基础上不断创新是亘古不变的话题。如果教师在备课中不善于创新，就等同于坐井观天、循规蹈矩，无法走在时代发展的前沿。高校语文教案的创新主要体现在以下几个方面：教学理念与时俱进、教学内容科学合理、综合运用教学方法、创新教学手段等。

（3）差异性原则

不同教师在知识经验、个性特征、气质风格等方面迥然不同，再加之高校语文教学是一种创造性的艺术教学，所以最终形成的教案也呈现出显著的差异性。有些教案凸显知识的连贯性、系统性，有些教案呈现出思维的灵活性，有些教案注重文化的引领性、熏陶性，有些教案体现了教学手段的创新性等。总之，每位教师都要充分发挥自身的智慧，彰显语文的魅力。

（4）艺术性原则

艺术性是指教案的设计构思要新颖、独特、有创意，学生通过学习既能获取丰富的知识，又能受到艺术的熏陶。这就要求教师精心设计教案内容，保证开头、过程、结尾处的语言都辞藻华丽、层层深入、引人入胜，整体上带给学生一种豁然开朗的感觉，从而取得良好的教学效果。教师的说、谈、问、讲等课堂语言要掷地有声、动人心弦，犹如一股甘泉滋润着学生的心田。

2.编写方法

（1）以学生为中心

教案应以学生的学习需求和特点为出发点，确保教学内容和方法与学生的认知水平和兴趣相匹配。教师应根据学生的实际情况，设计具有挑战性和启发性的教学活动，激发学生的学习兴趣和主动性。

（2）设置清晰明确的目标

教案应明确阐述教学目标，包括知识、技能和情感态度方面的目标。目标应具体、可衡量，并与课程标准和学生的学习需求相一致。教师应根据目标设计相应的教学策略和评估方式，确保学生能够取得预期的学习成果。

（3）合理安排教学顺序

教案中的教学内容应按照一定的逻辑顺序进行组织与呈现。教师应根据学科知识的逻辑结构和学生的学习能力，合理安排教学内容的顺序和层次，确保学生能够逐步建立起知识体系，并能够有机地将前期学习的知识应用到后续的学习中。

（4）采用多种教学方法和手段

教案应采用多种教学方法和手段，以满足学生不同的学习需求和学习风格。教师可以运用讲授、讨论、实验、案例分析、小组合作等多种教学方法，激发学生的思维和创造力，提高学生的学习效果。

（5）采用合理的评估方式

教案应明确教学评估的方式和标准，确保评估内容与教学目标一致。

教师可以采用多种评估工具和方法，如测验、观察、作品评价等，全面了解学生的学习情况，及时调整教学策略，提供个性化的教学指导。

（6）反思与改进

教案编写后，教师应及时对教学过程和效果进行反思和评估。教师可以通过教学日志、学生反馈、同事评议等方式，了解教学中存在的问题和不足，并及时进行改进与调整，从而提高教学效果。

四、高校语文教学策略制定

高校语文教学策略是指高校语文教师为了提高教学效果，基于教学目标的导向作用，以教学情境为起点和归宿，对自身的教学理念、教学行为进行检查、监督、控制、评价、调节的程序性知识系统。高校语文教学策略的制定是一项系统考虑诸多因素、总体上择优的、富有创造性的决策工作，提高高校语文教师教学策略制定技能有助于提高语文教学的有效性。

（一）高校语文教学策略的制定依据

高校语文教学策略具有灵活性、指示性的特点，对于不同的高校语文教学目标，应该采取与之相对应的教学策略。由于高校语文课程具有较强的文化性、实践性和综合性，无论是哪种单一的教学策略，都无法适用于所有情况，必须根据具体、实际的教学情况，制定具有针对性的教学策略。具体来说，高校语文教学策略的制定依据主要有以下几点：以教学目标为根本出发点；以教学理论和学习理论为依据；与教学内容的客观要求相符合；适合受教育者的特点；充分考虑教师本身的素养条件；充分考虑教学条件。

（二）高校语文教学策略制定的原则

高校语文教学策略的制定需要考虑四个方面的内容，即教学指导思想、教学策略的实施程序、教学策略的实施方法、教学策略的效用评价。鉴于此，高校语文教学策略的制定应遵循以下几点原则：

1. 思想性与技巧性原则

高校语文教学理念是教学策略制定的"指南针"，高校语文教学策略是顺利实现高校语文教学目标的"助推器"。如果教学策略的制定脱离教学理念的指导，就会迷失方向；高校语文教学如果只有教学理念的支撑，缺乏教学策略的配合，就如同一具空洞的躯壳。因此，高校语文教学要有机结合教学理念和教学策略，坚持思想性与技巧性原则，找准教学方向，才能使教学真正有效。

2. 目的性与实用性原则

目的性是指教学策略对于教学目的实现的有效程度。实用性是指教学策略与教学主体、教学内容、教学过程的契合程度。随着教学改革的不断深入，新的教学策略不断涌现，如分层教学、多媒体教学、微课教学等。教学策略的适用程度主要取决于两个方面：一方面是它遵循正确教学原则要求的程度，另一方面是它反映教学过程规律的程度。

3.共性化与个性化原则

教学策略的制定必须遵循教学规律，与教学共性相符。教学要素涵盖范围十分广泛，主要包括教师、学生、教学环境、教学内容、教学方法等。教学要素不同，所采取的教学策略也不尽相同，这也是在现实生活中很难发现完全相同的教学实践过程的原因。通过对优秀教学经验的学习、借鉴与加工，高校语文教师能够制定出具有自己独特风格的教学策略。

4.稳定性与灵活性原则

教学策略一旦制定完成，便具有了相对稳定性。但在具体实施与应用的过程中，由于教学因素具有多变性，所以教师也要及时、灵活地调整教学策略，以适应教学因素的变化，从而更快速地实现教学目标。

（三）高校语文教学组织策略

通常情况下，高校语文教学组织主要包括班级授课制、小组学习、个性化教学三种方式。

1.班级授课制

班级授课制是指教师对全班学生实施教学，每个学生的学习内容、学习进度都是相同的，所面对的教学方式也是一样的。班级授课制的优势在于能带来一定的规模效益，教师容易调控教学进程，教学效率比较高；这种教学组织形式的缺点在于，学生人数多则很难兼顾每个学生的学习，不利于实现技能、情感领域的教学目标。

2. 小组学习

小组学习是指教师根据教学需求和学生实际情况，将全班学生划分为若干个小组，要求学生以小组为单位相互合作完成特定的学习任务。小组学习的优势在于能增强学生之间的交流合作，提高学生的学习效率和个人学习效果，对于情感领域教学目标的实现具有促进作用。但是，小组学习对教师和学生提出了更高的要求，需要教师做好充分的准备和组织工作，使教师对教学进度的把握有一定的难度。而且，教师要想使每一名小组成员都在小组活动中保持积极性并非易事。

3. 个性化教学

个性化教学是指以学生的个性、需求、兴趣、特长等为依据实施教学。换言之，学生需要什么，教师就教授什么，学生的学习属于自主性学习。个性化教学的价值主要体现在帮助学生获取更全面的知识、开发学生的潜能、增加学生的阅历、塑造学生的完整人格、促进学生个人专长发展等。

个性化教学要求教师意识到教学重点已不再是传授知识，而是要教会学生自主学习，逐步提高学生的学习能力。互联网的快速发展为个性化教学提供了契机，学生可以根据自己的意愿选择适合自己的教学内容、教学方式，实现自我获取知识、自我更新、自主构建知识的理想目标。

第二节 课堂教学技能

课堂教学艺术是一种复杂的艺术、综合的艺术。高校语文教师攀登课堂教学艺术的高峰，其终极目标在于"优化"教学，实现理想的教学效果。而要想优化课堂教学，就要求语文教师能够熟练掌握和应用课堂教学技能。高校语文课堂教学技能是指高校语文教师为了达到帮助学生实现掌握知识的目的，有意识地展现出来的教学行为方式，主要包括导入技能、讲解技能和结束技能等。

一、高校语文课堂教学导入技能

（一）高校语文课堂教学导入技能的作用

在高校语文教学中，好的课堂导入如同丰盛晚宴的一道开胃菜，如同一把开启知识大门的金钥匙，如同一出好戏的序幕，深深地吸引学生的注意力。其作用如下：

1. 吸引学生学习语文的注意力

注意是所有学习活动进行的前提条件，是人的心理活动对某种对象的指向与集中。注意可分为有意注意和无意注意。相比于无意注意状态，有意注意状态下的学习效果要更加明显。高校语文课堂教学导入技能的作用之一就在于，有效的课堂导入能够吸引学生的注意力，让学生全身心投入特定的教学任务和教学过程当中，使学生的大脑和有关神经中枢形成对新内容的"兴奋中心"。

2. 激发学生学习语文的动机

学习兴趣是学习动机中活跃度很高的因素，是知识的"生长点"，是促进高校语文课堂教学实施的有利因素。高校语文课堂教学导入技能的应用，实际上是语文教师根据学生的性格特征、知识水平等，借助精致优美的语言创设学习氛围，或利用时事热点点燃学生的学习热情，或引用名言警句、谚语俗语激发学生的学习兴趣等。由此，良好的教学导入技能能培养学生对语文的学习兴趣，激发出学生学习语文的动机。

3. 发展学生的多样化思维

由于高校语文教学内容具有广泛性、丰富性和综合性，所以有效的课堂导入能培养和发展学生的多样化思维，主要包括形象思维、抽象逻辑思维、系统思维和比较思维等。在课堂导入环节，生动形象的语言，能够渲染出轻松愉悦的学习氛围，激发学生的形象思维；严密周到的推理，能够培养学生的抽象逻辑思维；启发式问题、引导性问题，能够点燃学生的求异思维的火花。总之，高校语文教师通过灵活应用课堂教学导入技能，有助于增强学生思维的灵活性、独立性、深刻性和广阔性，启发学生多角度思考问题，使学生体会到思维的乐趣。

（二）高校语文课堂教学导入技能的主要表现形式

课堂教学导入的目标、设计依据、内容不同，课堂导入形式也有所不同。以下是比较有代表性的课堂教学导入形式：

1. 活动导入

活动导入是一种以学生为主体的导入形式，能够提高学生的主动性，激发学生的学习兴趣。课堂导入活动形式多种多样，针对不同课型、不同文体、不同内容，所采取的活动导入方式也有所不同。

（1）"作家背景我知道"活动。通常情况下，介绍作者和写作背景是新授课中课堂导入环节必不可少的内容。课前教师布置好任务，要求学生以个人或小组合作的方式，通过图书馆、互联网等途径收集相关资料，设计作者简介和写作背景的 PPT 或卡片，不同小组轮流展示，起到相互补充完善的作用。这种导入形式不仅能调动学生学习的积极性，还能很好地锻炼学生的语言表达、审美鉴赏、思维发展等能力。

（2）情景剧活动。这种导入形式适用于复习课、习题讲评课中，以及小说、戏剧等文体的教学中。情景剧活动的开展，需要学生以教材课文为蓝本，充分利用场地、服装等资源，发挥想象力进行情景剧表演。在此过程中，学生的语言、思维等能力能够得到锻炼和提升。

（3）辩论活动。以辩论活动进行导入的方式主要有两种：一是在复习课和习题讲评课中，学生以作者观点为中心展开辩论，以增强学生对作者观点的理解；二是在新授课中，在对文本进行分析之前，学生围绕与作者论点相关的话题展开辩论，以初步了解作者的中心论点。这种导入方式有助于培养学生语言建构与运用的能力，促进学生能力和思维的发展。

2. 情境导入

教学情境是师生共同构建的情感氛围。教学情境创设可以借助多种工具来营造特定的情感氛围。

（1）借助语言创设情境。导入语言不仅包括教师的导入语言，还包括师生之间沟通的语言。生动、精练、友善、平等地导入语言，能够引发学生的想象，使学生快速、自然地融入学习情境中，加深学生对文章主题的理解。

（2）借助多媒体创设情境。多媒体信息技术不受课型和文体的限制，图片、视频、音乐等呈现方式，能够带给学生直观的感受，使学生产生情感共鸣。多媒体信息技术在情境创设中发挥着独特的作用，受到学生的喜爱。

（3）列举生活事例创设情境。教师为学生列举社会现象、通讯报道等具有代表性的生活事例，唤醒学生的生活经验，引发学生的情感共鸣，有助于学生汲取知识。

3. 设疑导入

设疑导入是教师在课堂导入环节根据教学目标和教学内容提出问题，

并在与学生的对话中加以解决，从而达到培养学生兴趣、提升学生思维能力的目的。

（1）回忆性设疑。该方法是教师带领学生回顾学过的知识，通过新旧知识联结的方式进行导入。该方法的使用不受限于文章本身，注重提高学生思维的敏捷性，培养学生的直观思维。

（2）启发性设疑。该方法是一种师生共同导入的方式，是指教师设置启发性问题，帮助学生在合作探究、自主思考等过程中解决问题。该导入方法具有循循善诱的作用，有助于发挥学生的主动性。

（三）高校语文课堂教学导入的原则

"良好的开端是成功的一半"，一个好的开头往往会起到意想不到的效果。它既能引起学生的兴趣，又能激发学生的求知欲，为整节课的学习打下良好的基础，使整个教学活动进行得生动、活泼、自然。精心设计的课堂教学导入就像一粒小石子，虽然小，却可以击中学生的"心湖"，实现"要我学"到"我要学"的转变。高校语文课堂教学导入应该遵循以下原则：

1. 针对性原则

高校语文课堂教学导入的设计要围绕教学目标、教学内容进行，而且要与学生的特点相契合。从教学目标角度来看，教学导入服务于教学目标的实现，教学导入是每节课的起始阶段，需要与整节课的教学目标相吻合，并以之贯穿、为之服务；从教学内容角度来看，导入内容要与教学主题保持一致，教学导入要使学生融入预定的课题中，激发出学生的学习欲望；从学生角度来看，导入的目的在于提高学生的学习质量和效率，充分发挥课堂教学对于学生学习语文知识和提升语文能力的促进作用。

2.趣味性原则

高校语文课堂教学导入的主要任务之一在于激发学生学习语文的兴趣，这也是教师在设计导入时需要遵循的一大原则。趣味十足的语文教学，能够激发学生在语文学习中的自觉性、主动性和积极性。引人入胜的课堂教学导入，使教学内容以一种新鲜、活泼的面貌呈现在学生面前，学生就会将语文学习当作一件快乐的事。

3.简洁性原则

课堂导入的时间有限，因此教师在设计教学导入时要遵循简洁性原则。导入环节应简洁明了，避免冗长的开场白和过多的信息输入。教师应在短时间内介绍本节课的教学目标和教学内容，为接下来的教学做好铺垫。简洁的课堂教学导入不仅可以节省时间，还可以让学生更加专注于接下来的学习内容。

4.启发性原则

课堂导入应具有启发性，引发学生思考。教师在设计课堂教学导入时，可以通过提问、引导等方式，激发学生的好奇心和求知欲，引导学生主动思考并参与到课堂中来。一个具有启发性的课堂教学导入可以帮助学生建立新旧知识之间的联系，培养学生的思维能力和创新精神。

二、高校语文课堂教学讲解技能

在高校语文课堂教学中，教学讲解技能是使用频率很高的一项教学技能，在诸多教学技能中属于一项基本技能，主要目的在于启发学生的思维、提高学生的文化素养。

（一）高校语文课堂教学讲解的主要目的

高校语文课堂教学讲解的目的概括起来主要包括以下四个方面：

1. 传授语文知识

相比于中学语文知识来说，高校语文知识进一步深化，更加深厚、广博，教学讲解可以使学生充分理解、灵活运用语文知识。

2. 培养学生学习语文的兴趣

兴趣是最好的老师。高校语文教师通过综合运用讲解技能，能够激发出学生对语文学习的兴趣，使学生逐渐形成自己的志趣和兴趣偏好。

3. 培养学生的语文能力

现代社会对大学生提出了更高的要求，包括具备良好的听、说、读、写、思的语文能力。而高校语文教师可以通过讲解的方式提高大学生的语文能力，使大学生满足现代社会的需求。

4.提高学生的人文素质

提高学生的人文素质，使中华优秀传统文化得以传承和发扬光大，这也是高校语文教学的历史使命之一。通过学习中华优秀传统文化，不仅可以提升学生的民族文化意识，还可以丰富学生的见识。

（二）高校语文课堂教学讲解技能的类型

根据不同的标准和层次，可以将高校语文课堂教学讲解技能划分为四大类型：

1.解释型

解释型是指通过讲解分析的方式，将未知和已知联系到一起。根据讲解分析内容的不同，可以将解释型进一步分为三种：一是意义解释型，是指教师围绕教学内容的内涵、原因、意义等展开讲解分析，该方法适用于《论语》《庄子》等节选篇目的教学；二是结构、程序说明型，是指教师利用简洁、精练的语言来说明教学内容的结构、程序，帮助学生掌握文章的思想脉络，该方法适用于《悲惨世界》《金苹果之争》等小说的节选片段教学；三是翻译性解释型，是指教师对文言文逐字逐句进行串讲，该方法常用于文言文教学中。

2.描述型

描述型是指教师在教学中准确地描述、叙述教学内容，加深学生对知识的理解。描述型讲解主要包括三种类型：一是结构要素描述型，是指教师通过比喻、类比方法，揭示文章的结构、层次关系，突出重点，帮助学生理解；二是顺序描述型，是指教师以顺序为标准进行描述与讲解，包括时间、空间、发展变化等顺序，该方法可以进一步划分为顺叙、倒叙、平叙、插叙、补叙等；三是情境描述型，是指教师通过生动形象的语言描述，对人物、事件、景物状态、情境进行再现的一种方法，能够带给学生一种身临其境的感觉。

3. 论证型

论证型主要包括三种类型：一是论说型，是指教师以教材提供的资料为依据，采取富于逻辑性的语言，为学生摆事实、讲道理，在传授语文知识的同时，使学生悟透其中的人生哲理，该方法适用于议论文、科普说明文等教学中；二是推理型，是指教师利用学生已掌握的语文知识推导出新知识的讲解方式，该方法多用于小说情节发展、细节描写传达精神、景物衬托心情等讲解中；三是证明型，是指教师利用事实、科学公理来说明某思想观点、自然法则、思想感情的正确性，该方法多用于文体的要素、情节的发展脉络、写作的法则、小说中人物的结局等内容的讲解中。

4. 问题中心型

问题中心型是指围绕问题的解答进行讲解。解答问题是一个由未知到已知的认知过程，而认知的关键就在于方法。问题中心型讲解具有鲜明的探究性特征，通过一个词、一句话、一个人物形象等形式的问题，引导学生探究与思考，对学生的创新思维、语文能力的培养大有裨益。问题中心型讲解主要包括三个步骤：一是抛出问题并明确标准；二是选择方法解决问题；三是得出结论。

（三）高校语文课堂教学讲解技能运用的基本要求

1.讲解要具有目的性

讲解的目的性主要体现在两个方面：一是目标要明确、清晰，内容要具体、翔实；二是教学重点、难点突出，教学过程要有条不紊、分析透彻。

2.讲解要具有针对性

唯有进行有针对性的讲解、因材施教才能事半功倍。讲解的针对性与讲解效果是正相关关系，随着讲解针对性的增强，讲解效果也越显著。讲解的针对性主要体现在两个方面：一是与大学生的身心特点、思维特点、认知水平、语文知识水平相符；二是找准大学生语文学习中的薄弱之处，满足大学生的学习需求。

3.讲解要具有科学性

科学合理的讲解才是有效的。讲解的科学性主要体现在三个方面：一是讲解过程有条理，框架清晰明了；二是讲解观点正确，证据、例证真实可靠，并能从不同角度分析例证与新概念之间的关系；三是讲解时间要控制得当。

4.讲解要有艺术性

讲解是语言的艺术，任何艺术都具有审美性。讲解的艺术性主要体现在四个方面：一是语言流畅、自然、生动、形象；二是对学生思考具有启发意义；三是能够收集学生的反馈信息，调整讲解的方式方法；四是能与其他教学技能结合起来使用，如演示、提问等。

三、高校语文课堂结束技能

高校语文课堂结束技能是指教师完成一项教学任务时，通过重复强调、概括总结、实践活动等方式，使学生对所学的知识和技能进行及时的系统化的巩固和应用，使新知识稳固地纳入学生的认知结构中的一类教学行为。运用这项技能，还能及时反馈教与学的效果，让学生获得掌握新知识后的愉悦感；亦可设置悬念，促使学生的思维活动深入展开，诱发其继续学习的积极性。结束技能不仅只应用于一节课的结尾，课堂上任何相对独立的教学阶段都需要应用相应的结束技能。

（一）高校语文课堂结束技能的类型

根据方式的不同，可以将高校语文课堂结束技能划分为以下七种类型：

1.归纳式结束技能

归纳式结束技能是指在高校语文课堂教学即将结束时，教师鼓励学生对整堂课所学内容进行归纳总结，做到纲举目张。在具体课堂结束环节中，教师可以视情况灵活设计，可以直接用精练的语言归纳要点，进一步明确整堂课的重点知识，也可以通过提问的方式鼓励学生进行总结，加深学生对所学知识的印象。

2. 点睛式结束技能

点睛式结束技能是指高校语文教师在课堂教学结束之际，运用简洁扼要的语言，点明本堂课的重点、难点，弥补学生的疏漏，将知识转化为"营养"使学生得以消化和吸收。点睛式结束技能的运用能够解开学生思维的"疙瘩"，给学生带来更多有益的启迪。

3. 畅想式结束技能

畅想式结束技能是指在课堂教学结尾，教师暂不做总结，而是引导学生根据课文中心寻找结论，形成某种悬念，鼓励学生各抒己见，多角度阐述自己的观点，进一步拓展学生的思维，点燃学生的智慧火花。

4. 撞钟式结束技能

撞钟式结束技能是指教师在课堂教学即将结束时，再次强调教学重难点、独特的写作方法等，从而加深学生对教学内容的理解，促进学生对知识进行回味、咀嚼、吸收。这种课堂教学结束方式就如同撞钟一般，钟声回荡在课堂中，起到"课已终、韵无穷"的效果。

5. 开拓式结束技能

开拓式结束技能是指教师在课堂教学结尾时，根据教学内容，支持并鼓励学生自主探究，或者引导学生利用所学知识进行实践，或者水到渠成地为学生介绍相关的课外书籍等。这种技能有助于开阔学生的视野，拓展学生的知识面，从整体上提升学生的文学和文化素养。

6. 链索式结束技能

高校语文课有其内在的系列性、科学性和阶段性，要求教师做到课课相连、环环相扣。尤其是在单元教学中，一堂课的结尾不仅是旧知识的暂时性终结，还是新知识探索性的开始。这种结尾起着承上启下的作用，是连接新旧知识的桥梁。好的链索式结束技能，就如同一条五彩缤纷的彩带，将相关的知识点紧密地串联起来，帮助学生系统地认识新旧知识。

7. 反馈式结束技能

语文教师为了优化高校语文课堂教学、研究出新的教学方法，常常举办各种各样的教研活动，如公开课、观摩课、教研课等。在这类课的结尾，有些教师会邀请学生进行教学评价，及时反馈信息，为优化课堂教学提供一些参考。反馈式结束技能不仅能倾听学生的心声，洞察学生的学习需求，还能帮助教师了解学生的听课能力、概括能力和分析能力。

（二）高校语文课堂结束技能应用的原则

为了让一堂课的结尾能给学生留下深刻的印象，高校语文教师在应用课堂结束技能时应遵循以下几点原则：

1. 体现教学目的

通常来说，在一堂课的开始阶段要提出教学目的，在中间阶段要扎实推进教学目的，在结束阶段要进一步深化教学目的。结束技能作为操作结束环节的一项技能，在应用过程中应凸显教学目的，通过教师讲述、学生品读、学生讨论、课后作业等方法，服务于本堂课教学目的的完成。

2. 突出教学重点

高校语文课堂教学重点是教学过程中的焦点，是教学目的的重要体现。因此，课堂结束技能的应用也要突出教学重点。一堂课的容量比较大，涉及多方面内容，既有重点内容，也有次要内容，这就容易使重点内容被次要内容所淹没。因此，教师要采用恰当的结束技能，更好地突出教学重点，帮助学生认识和记忆，从而更好地完成教学任务。

3. 强化素养教育

课堂结束环节是一个归纳整堂课教学内容、集中体现和完成教学目标的环节。因此，课堂教学结束环节的主要任务是运用良好的结束技能体现和完成教学目标，进一步增强学生的语文素养。在课堂结束环节，各类活动的价值并非单一的，而是相互作用、相互影响的综合素养教育，包括总结知识的活动、培养能力的活动、思想文化教育活动、审美教育活动等。

第三节 教学综合技能

高校语文教学的有效推进需要高校语文教师具备良好的教学综合技能，这主要取决于四个方面的因素：一是高校语文教学内容的广博性；二是高校语文教学对象的多样性；三是高校语文思想文化的深邃性；四是高校语文教学过程的易变性。高校语文教学综合技能主要包括教学管理技能、因材施教技能和项目教学技能等。

一、教学管理技能

高校语文课堂教学的开展，要求教师不仅要"教"好语文，更要组织所有学生认真、积极地学习语文，掌握高效的学习方法，养成受益终身的学习习惯等。因此，要想取得预期的教学效果，高校语文教师掌握良好的教学管理技能是必要条件。

课堂教学由教学活动和管理活动组成。教学活动是指教师按照一定的教学思路，完成知识传授、能力培养、智力开发、情操陶冶等目的的活动。管理活动是指师生共同参与到教学活动中，通过一系列努力实现教学目标的活动。课堂教学是一种师生双边参与的动态变化的过程，它涉及教师传授知识、启发思维的过程，以及学生积极参与、主动学习的过程。教师和学生在这个师生双边的运行机制中互相依赖、互动合作，共同推动教学活动的有序进行。对于高校语文教学来说，教学管理主要包括以下几个方面：

（一）课堂教学的组织

从总体来看，课堂教学的组织由四个不同的阶段组成，分别为预备阶段、开讲阶段、授课阶段和总结巩固阶段。

1. 预备阶段

上课预备铃响起，预示着一堂课的预备阶段正式开始。教师站到教室内目视学生，示意学生安静下来，做好上课准备。学生则应将与本节课无关的资料收起来，并将课本、笔记本摆放到课桌上。这一阶段不仅是组织教学的前奏，也是组织教学的基础，其优劣对一堂课的成败具有直接影响。

2. 开讲阶段

开讲阶段主要是为了激发学生的学习兴趣，阐明本节课的教学任务。教师需要为学生揭示本节课与以前的课之间的联系，包括知识层面、情感态度层面、逻辑关系层面等。比如，在单元教学中，教师可以揭示精讲课文与课外阅读课文之间、精讲课文与精读课文之间、精讲课文与泛读课文之间的关系。在高校现用的语文教材中，篇目内容以节选原著为主，所以对于需要占用多节课的节选文章，后次复习前次的内容就显得尤为重要。这一阶段是组织教学中的一个重要阶段，是教师引领学生实现教学目标的起始阶段，可以形成强大的教学向心力和凝聚力。

3. 授课阶段

授课阶段是一堂课教学的关键环节，这一阶段充分体现了课堂教学管理的主要功能与作用。教师需要从教材和学生的实际情况出发，周到、细致地设计突出学生主体地位的教学过程，综合运用多样化的教学方法调动学生学习新知识的积极性。与此同时，教师还要善于调节学生的心理，做到张弛有度。在授课阶段，教师要循循善诱、因势利导、量体裁衣，灵活处理课堂上突发的各种情况，为课堂教学的有序推进提供保障。

4. 总结巩固阶段

这一阶段的主要任务是教师与学生共同总结整堂课的教学内容，教师帮助学生对知识进行系统化、条理化的处理，方便学生对知识的记忆。不仅如此，教师还要布置难度、数量适中的作业，促进学生知识的迁移，从而将知识转化为能力。总结巩固阶段的组织教学要留有余地，通过阅读书籍、复习巩固、提出疑问等方法，学生能够对本节课的教学内容牢记于心、熟练掌握。

（二）教学内容的组织

教学内容的组织是实现高校语文课堂教学科学化、规范化管理的根本。教学内容组织的优劣，是影响课堂教学管理效果好坏的关键。从整体上看，高校语文教学内容的组织需要达到以下五个要求：

1. 定向

高校语文教学活动的开展，离不开教师的有意识控制，所以它是一种有目的、有方向的活动，这也是人们将这种控制称为定向控制的原因。

定向是指增强以教学大纲为依据的意识，进一步明确每个单元、每篇课文、每堂课的教学目标，加强"目标管理"。

2. 定量

在传授知识的过程中，语文教师要合理地控制量次，包括课时量、阅读量、听说量、写作量等。教师要做到心中有数，将量次控制在合适的范围之内。

3. 定度

定度是指高校语文教师要进一步明确通过教学所要达到的知识程度、思维水平等方面的效果。如果知识程度过浅，就无法满足学生的学习需求；如果知识程度过深，则很容易打击学生学习的信心。除此之外，高校语文教学要保持适当的速度和强度，必须做到定度，立足学生的学习结果，稳步提升语文教学质量。

4. 定序

定序是指高校语文课堂教学必须有一定的程序。对于讲解、指导、练习的内容与顺序，教师需要有可行、合理的安排，教段相连，井然有序，层层递进。换句话说，教师不仅要遵守知识本身的顺序、教学的顺序，还要遵守学生认知、思维的顺序，并将这些顺序巧妙地结合在一起。

5.定势

定势又被称为心理定式，是由一定心理活动形成的准备状态，对同类后继心理活动的趋势起着决定作用。在高校语文课堂教学中，教师对学生进行合理的定势控制，可以使学生处于一种动力准备状态，在一定条件下能转变为高效的学习动能。

（三）师生交往方式的组织

通常来说，高校语文课堂教学中师生交往的组织形式主要包括以下三种：

1.全班教学

全班教学是指教师将全班学生共同组织到教学中，这种形式具有高效率的特点，在高校语文课堂教学中较为普遍。在师生交往过程中，教师在同一时间内可以为全体学生进行讲解、演示、解释，利用自己的知识修养、思想感情潜移默化地影响学生，促使学生在知识、思想、行动、情感体验等方面获得一定程度的发展。教师既能单向传授知识，又能与学生进行双向交流。但如果单纯地采用单向传授知识的方法，很容易出现"满堂灌"的现象，因此教师要尽量避免这一点。

2.小组教学

小组教学是指教师根据教学需要，将全班学生暂时划分为若干个小组进行教学。小组人数视具体的教学任务而定，以 2 ～ 4 人为主。小组教学适用于对教学重点、难点的讨论环节，有助于活跃、启发学生的思维。在这种小组教学形式中，教师与学生之间的交往呈现出多向式网状结构，能够大大地促进教学信息的交流，但教师需要巡回检查，避免学生出现偷懒的情况。

3. 个别教学

个别教学是指教师根据个别学生的不同情况，为其提供针对性的指导与辅导，确保每个学生都能获得来自教师的帮助与指导，同时教师也能借此机会了解学生的学习、生活情况，拉近师生之间的距离，从而增强高校语文教学的效果。

总而言之，课堂教学组织形式必须体现出灵活性和应变性，做到"管而不死，活而不乱"，不仅要充分尊重每一个学生，还要严格要求、管理每一个学生；不仅要热烈紧张，还要井井有条；不仅要动静结合，还要收放自如，从而让课堂教学生机勃勃。

二、因材施教技能

因材施教是指教师根据学生的实际情况，在尊重学生差异的基础上，采取"量体裁衣"的方式实施差异化教学，确保每个学生都能扬长避短，获得个性且全面的发展。所以，因材施教是针对学生志趣、能力等具体情况实施的有差别的教学。因材施教能够解决高校语文教学中的一些难题，对高校语文教师来说十分重要。

（一）因材施教技能的组成

1. 察材技能

察材是指教师了解和掌握学生的资质等情况，以达到长善救失的目的。察材是高校语文教师因材施教取得成功的先决条件，如果教师不善于察材，很可能会使诸多学生的才能无法显现出来而被埋没。由此可见，察材本身就是对高校语文教师业务知识、教学能力、工作态度的考查。业务知识薄弱、教学能力不高、职业责任感不强等，都会对高校语文教师辨别与发现人才产生不利影响。

由于高校语文教学时间有限，要想真正了解每一个学生有很大难度，为了做到有效察材，可以从以下几个方面入手：

（1）做家访

家访是了解学生的主要途径之一。家访并非辅导员专利，高校语文教师也能借助手机、网络等现代化手段进行家访。常言道："知子莫若父，知女莫若母。"这句话蕴含着深刻的道理。语文教师通过家访的方式与学生的父母进行沟通，能够获取丰富、翔实的资料信息，如学生的兴趣、心理、特长、优缺点等。

（2）开展问卷调查

语文教师可以依托互联网组织一系列的问卷调查活动，从而更全面地了解学生的各方面情况，如知识掌握程度、学习倾向、个性心理、价值取向、发展潜力、态度、情感等。

（3）在教学中了解学生

教学是教师与学生交流沟通的主要渠道。教师必须时时留心、处处在意，抓住一切机会更深入地了解学生。另外，语文教师还应是一名"心理医生"，可以通过组织一系列心理咨询活动，熟悉和了解学生。

（4）组织形式多样的课外活动

学生在参与课外活动过程中的表现，为教师察材提供了良好依据。

2. 施教技能

施教技能是指高校语文教师在察材的基础上，根据学生之间的差异进行针对性教学，深入开发学生的潜力，促进学生全面和谐发展。施教的方法多种多样，但最基本的主要包括因势利导、分层教学、循序渐进、孵化生成和均衡发展。

（1）因势利导

对于在语文某些方面资质较高的学生，教师可以通过正确的引导，促进其进一步发展，使其成为语文某些方面出类拔萃的人才。比如，对于写作能力比较突出的学生，教师可以充分引导其从散文开始创作，通过大量阅读、消化与吸收优秀作品，逐步提升其写作能力；对于口语表达能力较强的学生，教师可以侧重于对其演讲与口才能力的锻炼，进一步发展其口语表达能力。

（2）分层教学

分层教学是指教师在班级教学中，从学生的个体差异出发，制定层次化的教学目标、教学内容，为每个学生提供满足其自身需求的学习形式，尽可能地发展学生的语文素养。分层教学的优势在于能够兼顾不同思维形式、学习风格、学习水平的学生，兼顾学生的差异，关注学生的发展。

（3）循序渐进

循序渐进强调应该遵循学生发展和成材的规律，绝不能"听之任之"，也不能为了让学生快速成材而揠苗助长。要想贯彻循序渐进原则，需要做到两点：一是教学要有系统性，这是由科学知识自身的特点决定的，无论是何种科学知识都需要具有严密完整的逻辑系统；二是从学生的年龄和才能出发，因材施教，让每个学生都"吃得饱"，也"不掉队"。

（4）孵化生成

孵化生成强调教师要关注在语文学习中感到吃力的学生，在察材过程中积极捕获他们资质中的某些"苗头"，并对此进行孵化、催化与培育，使这些苗头能够顺利成苗成材。比如，如果教师发现后进生写字漂亮，就可以采取一系列鼓励手段使其在语文学习中扬起自信的风帆，坚持每天练习写字，并取得一定的成绩。

（5）均衡发展

均衡发展强调每个学生的语文能力通常表现在多方面，这些能力相得益彰、相互促进，构成了一个系统化的语文素养体系。

（二）因材施教应注意的问题

因材施教不是随心所欲的教学，要想取得良好的教学效果需要注意以下几点问题：

1. 尊重差异性和多样性

每个人都是独一无二的个体，在学习风格、学习能力、学习过程、学习方法等方面都有自己的特点。因此，高校语文教师必须充分认识到学生的多样性和差异性，尊重学生在知识、能力、情感等方面的差异，全心全意地帮助学生成长，提高学生学以致用的能力。

2. 量体裁衣，实施弹性教学

高校设置语文课程的目的并不在于追求功利性，而是培养大学生汉语言文学方面的综合能力，循序渐进地提升学生的文化素养。因此，高校语文教师要根据学生的差异量体裁衣，开展具有灵活性的弹性教学，设置层层递进的阶梯性教学目标，组织层次性的练习，组织以促进学生发展的、有目的性的学习活动，客观公正地评价学生的成绩等。

3.面向全体学生，点燃其兴趣之火

每一个学生都有求知欲、自尊心、上进心，所以，高校语文教师不可以放弃任何一个学生。每一个学生都是可塑造、可引导的。因材施教的对象是全体学生，教师要努力点燃每一个学生学习语文的兴趣之火，实现人人热爱学语文的目标。

三、项目教学技能

项目教学是指教师和学生根据教学目标，通过共同实施一个完整的教学项目而开展的教学活动。这种教学模式的特点在于：教师通过分析教学内容，分解教学任务，将传授的知识蕴含于需要完成的任务当中，学生通过完成任务来掌握教师要讲授的知识。高校语文是一门基础性、综合性的课程，有着深厚的人文内涵和中华传统文化底蕴，是人文素质教育的重要课程。如果教师具备良好的项目教学技能，就能高效地实现教学目标。

（一）高校语文项目教学技能的分类

按照性质和特点的不同，高校语文项目教学技能可以分为三大类，即转化教学目标技能、拆分教学内容技能和分解教学环节技能。

1.转化教学目标技能

转化教学目标技能是指教师以课堂教学目标为行为指导，将其转化为一个项目集的教学行为。这个项目集的呈现方式多种多样，主要有问题、

项目要求、项目内在逻辑顺序、学生学习方式等。教学目标向项目的转化形式也不局限于由教学目标一对一转化，还能拆分或合并教学目标。总之，转化教学目标技能的应用宗旨是完成教学目标。

2. 拆分教学内容技能

拆分教学内容技能是指教师将教学内容分解为两部分乃至多部分，被分解的部分相对独立成一个教学项目的教学行为。教学内容的分解依据并不唯一，如教学内容的组成要素、教学内容的思路脉络、教学内容的线索等。

3. 分解教学环节技能

无论何种教学过程都包括若干个能够实现预定教学目标的教学环节，是一个积极的师生双边互动的过程。换句话说，教学过程是以实现特定教学目标为目的，由诸多教学环节组成的教师教学与学生学习双边互动的行为活动过程。将教学环节分解成若干个项目进行教学，不仅能实现教学目标，还能改进教学过程，充分凸显教学的完整性、程序性，具有较强的可行性、科学性。

（二）高校语文项目教学技能需要注意的问题

1. 高校语文教学项目的设计要紧扣教学目标

对于高校语文教学而言，其目的在于完成教学目标，而教学技能是完成教学目标的主要手段，切不可本末倒置。因此，高校语文教学项目的设计应该紧紧围绕教学目标进行，服务于教学目标的实现。

2.教师运用高校语文项目教学技能时要多思考、多探索、多实践

从实际情况来看，高校语文项目教学的研究尚处于探索阶段，理论研究还有很大的上升空间，实践经验还有待进一步积累。因此，高校语文教师还需要不断努力，在项目教学过程中积极思考、探索与实践，为高校语文项目教学的研究作出贡献。比如，教学方法、教学模式是否也能服务于项目教学等。

3.高校语文教学项目完成后要及时评价反馈

任何项目的完成都需要对项目产品进行验收，高校语文教学项目同样如此。因此，在项目教学进行过程中，高校语文教师要加强对过程的监督管理，从项目教学结果的不同角度入手，做出多种形式的评价反馈。

第四节 教学研究技能

高校语文教师不能只做个"教书匠"，而应该努力成为一名优秀的教育家和研究者，这是时代对每位教师提出的要求。真正意义上的高校语文教师，不仅是学者型教师，更应该是科研型教师，是教学路上不断进取的探索者和革新者。高校语文教学研究技能主要包括课程资源开发和利用技能、教学反思技能、说课技能等。

一、高校语文课程资源开发和利用技能

高校语文课程建设的主要目标在于加强课程资源的开发和利用，从而有效避免课程教学出现过分重视知识传授的倾向，提高课程结构的选择性、时代性和综合性。

（一）高校语文课程资源开发和利用技能的主要表现形式

高校语文课程资源开发和利用技能，是指探寻并利用所有能够作为高校语文教学内容，并能够与语文教育教学活动建立起有效联系的资源。从目前的研究成果来看，高校语文课程资源的开发和利用技能主要表现在以下几个方面：

1. 开发富有特色的校本课程

在课程改革过程中，越来越多的学校充分利用自身的办学优势和资源，从实际情况出发，开发并制作出丰富多彩的校本课程。立足学校特点所开发的校本课程，通常富有创意、趣味十足、形式活泼，更容易激发出学生对语文课程的学习兴趣。比如，有的学校开发出"我爱宋词"课程，有的学校开发出"唐诗鉴赏"课程，有的学校开发出"小说与我"课程，课程中蕴含着极其丰富的文化资源，有助于促进学生语文素养的全面发展。

2. 开发并利用好语文教材，充分发挥教材的功能

教材作为重要的课程资源，对其进行开发和利用的重点在于研究和编排教材结构。不同教材的编排依据有所不同，部分教材是根据文学史时间顺序进行编排的，部分教材是根据文学史题材进行编排的，部分教材是根据主题板块进行编排的，等等。高校语文教材结构的编排是将多种特点结合在一起，包括主题性与人文性、科学性与时代性、传统性与创新性等，以教材为媒介促使学生主动理解和体验教材中的内容，获得一定的感悟，思想和情感上分别得到启迪和熏陶，从而提高学生的语文素养和人文素质。

3. 组织丰富的实践活动，拓展语文学习空间

高校语文课堂只是小天地，宇宙自然实为大课堂。高校语文教学要充分利用当地的自然和人文资源，如自然风景、风土人情、历史古迹等，使学生置身于自然、社会的大课堂中，在观察、探索中获取重要信息，完成

对语文知识的学习。这就需要教师从学生的心理特点、兴趣爱好出发，组织一系列语文主题实践活动，允许学生选择适合自己的学习方式，将所学知识恰如其分地应用到实践当中，在实践中锻炼与成长。

4. 创设便于母语学习的校园环境

大学校园是大学生生活、学习的主要场所，充分、有效地利用校园场地，创设丰富多彩的校园文化，赋予校园设施生命活力，把这样的环境当成高校语文重要的课程资源，对学生进行感染和熏陶，从而提高学生的语文能力。比如，学校可以组织才艺大比拼、辩论赛、朗诵比赛等活动，在教学楼内展示学生独特、优秀的绘画、书法作品，营造真、善、美的环境，促进学生健康成长。

（二）开发和利用高校语文课程资源应注意的问题

1. 教师要具备强烈的开发和利用高校语文课程资源的意识

高校语文教师要转变自身角色，不能只做课程的实施者，还要在此基础上积极主动地开发和利用课程资源；不能只将目光局限于教材、课堂，还要不断探索课堂之外的世界。语文教师要基于课程目标的指导，创造性地开发和利用有价值的资源，将课程资源作为实现课程目标的媒介，发挥课程资源在课程实施中的价值与意义。

2. 立足地方特点开发和利用高校语文课程资源

不同地区蕴藏的语文课程资源各不相同、各具特点。高校语文课程资源的开发和利用，应该立足地方特点、学校特点和教师特点，尽一切努力发挥各种优势。教师要根据需要，充分利用本地、本校的课程资源，开发地方或学校的语文课程，创造内容丰富、生动活泼的语文学习和实践形式。不同学校应该发挥各自的优势，扬长避短，充分展现本校的特色。由此，才能充分发挥各个学校的角色功能，培育出满足社会发展需要的各级各类人才。

3. 根据高校语文课程的特点开发和利用课程资源

高校语文课程资源的开发和利用，不仅要充分考虑本课程与其他课程之间的联系，还要充分体现高校语文课程本身的特点。有三点需要注意：一是教师要根据课程特点开发课程资源，切不可盲目地效仿其他教师的做法，否则容易弄巧成拙。二是课程资源具有多质性特点，换句话说，相同的课程资源能够服务于不同的课程目标，不同的学科可以应用相同的课程资源。高校语文课程具有知识广泛、内容丰富等特点，因此，高校语文教师要充分利用有益于学生学习的课程资源。三是课程资源具有替代性，如果语文教师没有找到合适的课程资源，可以寻找性能和特征相似的课程资源来代替。

二、高校语文教学反思技能

（一）高校语文教学反思的概念和阶段

高校语文教学反思是指教师将自己的语文教学活动作为思考对象，对备课、教学设计、教学目标、学情、师生关系、课堂提问等环节进行审视和分析。从本质上来看，这是一种利用高校语文教师的自我觉察来优化高校语文教学的途径。对于高校语文教师而言，教学反思技能是其学会教学、提高教学技能、实现专业化发展的重要技能。

概括来看，高校语文教学反思主要包括四个阶段：

1. 具体经验阶段

具体经验阶段的主要任务是使教师明确自身所存在的问题，并进一步明确问题情境。教师一旦意识到有问题，自然就会有不适感，并试图解决这些问题，于是教师便进入反思环节。这一阶段的关键在于使问题与教师个人之间建立联系，并让教师清醒地意识到自己的不足。

2. 观察分析阶段

这一阶段的主要任务是教师收集并分析相关经验，尤其是与自身活动相关的信息，并使用批判性思维审视自己的思想、信念、行为、价值观等。信息的获取方式有多种，比较常见的有录音、录像、档案、自述与回忆、观察模拟、角色扮演等。在获取有效信息后，教师需要从不同角度分析这些信息，明确驱动自己组织教学活动的思想观点，并判断思想观点与自己的理念、行为、预期结果是否一致，从而找到问题的根源所在。通过观察分析，教师能更加充分地反思自己的教学。

3. 重新概括阶段

这一阶段的主要任务是教师对自身原有的思想进行反思，并积极寻找新思想、新策略，从而解决当下面临的问题。此时，新信息的获得有利于形成更加有效的概念和策略，这种信息的来源并不唯一，可以是研究领域，也可以是实践领域等。这一过程既能单独进行，也能通过合作方式进行。

4. 积极验证阶段

这一阶段需要检验概括阶段所形成的行动和假设，在进行验证时，不仅可以采用实际尝试的方式，也可以采用角色扮演的方式。在检验的过程中会遇到新的具体经验，从而又重新进入具体经验阶段，继而开始新的循环。

（二）高校语文教学反思方法

高校语文教学反思方法主要有以下几种：

1. 撰写教学反思日记

高校语文教师在结束了一天的教学工作后，可以将自己的教学经验写下来，包括成功经验、失败经验等。

2. 听课和评课

高校语文教师要善于观摩其他教师的教学活动，同时相互描述与分享自己看到的教学情境，并对教学情境进行讨论、剖析、评价，从而达到取长补短、共同成长的目的。

3. 说课

面对同事或专家学者，高校语文教师对自己的教学全过程进行全方位、立体化的剖析，从教学设计理念到教学实施，从而进一步明确自己的成功之处、不足之处和改进之法。

4. 征求学生意见

学生是课堂教学必不可少的评价者。因为学生是课堂教学的主体之一，教师的教学方法、教学策略与学生是否相符，学生最有发言权，所以征求学生意见可以有效地提升教师的教学水平。

5. 评价学习效果

学生学习效果的好与坏很大程度上取决于教师教学水平的高与低。因此，在反思过程中，教师要有意识地评价学生的学习效果。如果学生的学习效果较为显著，证明教学设计具有一定的科学性；如果学生的学习效果不显著，则证明教学有待改进，需要教师认真思考。

6. 总结和提炼教学经验

高校语文教师只有多对自己的教学经验进行总结和提炼，才能去粗取精、去伪存真，才能游刃有余、得心应手地掌控课堂教学。

（三）高校语文教学反思的原则

高校语文教学反思是一种心理活动过程，是教师对新情况、新问题的再认识、再研究过程。在具体实施中应该遵循以下几点原则：

1. 时效性

高校语文教学反思应与高校语文教学同步进行，教师要将本节课的发现和想法及时记录下来，及时分析收集到的教学信息，对教学结果做出及时的评价与鉴别。

2. 长期性

高校语文教学反思是一项长期的、复杂的、艰巨的教学研究工作，是教学过程中不可或缺的环节，是教师成长的必要步骤。

3. 全面性

高校语文教学反思所收集的信息必须是面向全体学生的全方位、全过程数据，不仅仅是课堂上的观察和调控，还包括教学前的探究、计划，教学后的反省、思考，既要关注教师教学目标的完成程度，也要关注学生在教学活动中的自主性和积极性。

4. 创造性

高校语文教学反思主要是服务于发现教学的现存问题，并提出解决问题的策略。因此，教学反思必须遵循创造性原则，采取科学的策略解决语文教学中存在的各种问题。

三、高校语文教学说课技能

说课是指教师围绕某一观点、问题或课题，通过口头表述、多媒体演示等表述其教学设想和理论依据。简言之，说课是教师阐述"如何教"以及"为何这样教"。高校语文教学说课技能是指高校语文教师面对同事、专家、学者，对自己的教学设计和教学行为进行阐述，并说清楚这样教的原因的一种行为方式。

（一）高校语文教学说课技能的意义

对于高校语文教师而言，掌握说课技能对其自身的教学和成长具有非常重要的意义。

1. 有助于提高教研活动的实效性

高校语文教师掌握了说课技能，就能清晰、准确地表达出自己的教学意图，说明自己处理教材的目的与方法。这样一来，听、评课教师就能清楚地了解到授课教师教学设计的方法及原因，从而使教研主题更明确，重点更突出，为提升教研活动的实效性奠定基础。

2. 有助于提高教师备课质量

备课主要关注的是教师如何组织和实施教学，缺乏从教育教学理论角度对"这样教学的原因"进行思考。如果教师具备良好的说课技能，就能对上述问题进行思考，从教育教学理论角度思考"这样教学的原因"，从而提高备课质量。

3. 有助于教师进行教学研究

说课与评课之间存在着密不可分的关系。高校语文教师在说课之前需要进行深层次、全方位的研究，评课教师需要进行理论点拨与科学评价。通过说评有机结合，广大教育工作者共同总结教学经验，使高校语文教师的教学研究由实践上升至理论，理论为实践教学提供指导，实践教学对理论有再次验证的功能。这样的良性循环，有助于培养更多的科研型、学者型教师。

（二）高校语文教学说课技能的基本要求

在实际教学中，高校语文教师说课技能的基本要求主要体现在以下三个方面：

1. 语言简练，重点突出，条理清晰

通常情况下，高校语文教师说课的对象主要是同事、领导、专家、学者等，所以说课时间要控制在适当范围，以 10 ~ 20 分钟为宜。一节课的教学设计内容比较丰富，所以说课应突出重点、抓住关键，要避免出现面面俱到、流于表面的泛泛讲解，要将更多时间用于重难点知识讲解上。说课是语文教师语言技能的表演和思维品质的外在表现，所以语文教师在说课过程中要做到语言简明扼要、重点突出、条理清晰。

2. 重点内容应明确具体，说理透彻

说课的内容要明确具体。语文教师应紧紧围绕教学目标、教学重难点、知识呈现手段等方面进行讲解，讲解的内容必须简洁清晰、有理有据，进行深刻透彻的讲述。

3. 理论与实践相结合

说课不同于授课，说课既要阐述清楚"教什么""怎么教"，更重要的是说清楚"为什么这样教"，这是说课的核心所在。说课涉及三个方面的理论，即教育学心理学的相关理论、大学语文学科教学法的理论、学校的办学特色理论，这些理论要随说课的步骤循序渐进地提出，使教例与教理有机结合在一起。

（三）高校语文教学说课技能的评价标准

1. 教学目标明确具体

（1）教学目标详细、全面、完整、明确。

（2）教学目标的依据充分，与高校语文教学大纲要求、教学内容、大学生特点相符，切实可行。

2. 教材分析透彻

（1）正确认识与分析所选课题在高校语文教材中的地位、作用，对教材知识结构、编排体系有准确的把握。

（2）对于教材内容的延伸与删减，能够做到科学合理地处理。

（3）确定教学重点与难点，并透彻地分析确定重难点的依据。

3.教学方法的选择和运用具有科学性

（1）从总体来看，教学设计具有合理性、新颖性、独特性、科学性和有效性。

（2）教学程序的设计具有科学性、有序性，为教学目标的实现提供保障。

（3）导入和结束等重要教学环节，能够有效提高学生的参与度，培养学生的学习能力，引导学生形成良好的思想情感、态度及价值观。

（4）教学方法的设计和选择依据具有科学性，与学习方法相统一。

（5）教学用具、教学手段的选择和运用，以及课程资源的开发和利用，都对提高课堂教学效率具有重要影响。

（6）板书设计具有较强的科学性和逻辑性。

4.教学对象分析准确，对策恰当

（1）准确、科学地分析学生学习本课的原有基础和现有困难。

（2）所采用的教学策略能够帮助学生攻克学习困难和心理障碍。

5.操练活动明确、到位

（1）操练活动的目的必须是具体、明确、可观察、可检测的，与本课的教学目标协调统一。

（2）操练活动的设计要面向全体学生，层次分明。

（3）操练方法效果显著，有助于学生综合能力的形成与发展。

6. 答辩准确无误

答辩条理清晰、准确科学、有理有据。

7. 总体评价

从整体上来看，说课内容翔实，逻辑严密，有条有理，语言简练，有创新意识，认识深刻，有特点。

第四章 高校语文阅读教学

第一节 高校语文阅读教学的性质

一、语文阅读的价值

（一）阅读有利于提高学生的记忆力

人脑中对已有经验的保持及重现的过程便是记忆。影响人们记忆能力的因素较复杂，对于语文阅读学习来讲，学习程度和记忆技巧等都将对记忆能力产生影响。学习程度是指学习中对知识加工的深浅和掌握的牢固程度。它是一个综合性的概念，涉及对知识的理解和记忆的深度。艾宾浩斯遗忘曲线相关实验数据表明：100% 的学习程度，对应遗忘程度为 35.2%；150% 的学习程度，对应遗忘程度为 18%；当学习程度超出 150% 时，记忆效果将随之下降。从记忆内容角度出发，通常将记忆分为情境记忆、形象记忆、情绪记忆和动作记忆等。其中，形象记忆与人们的思维能力联系较紧密。形象思维较强的人，记忆能力通常较强，在知觉的促动作用下，人们能够生成形象记忆。知觉整体形式的生成与知觉者的审美经验、知识经验等有密切联系。因此可以说，通过提高审美经验、丰富知识经验，有利于知觉形式的形成，进而起到引起形象记忆的促动作用。而阅读的主要价值便是积累审美经验。在进行语文阅读学习的过程中，实现知识经验的积累以及审美经验的提升，进而提高人的记忆能力，是语文阅读智力价值的主要体现。随着语文阅读实践的开展，人的知识经验不断积累，对客观事物的抽象性及整体性的把握能力随之加强，从而促使人的思维更加严密。在实际进行语文阅读教学时，教师应从学生的记忆能力和思维能力这两个方面着手进行培养，以提高学生的整体语文素养。

（二）阅读有助于开发人的潜能

语文阅读还能起到开发人的潜能的作用。人的智力的形成同时受到遗传因素和后天行为的影响，需要通过增加自身的知识经验来形成较高智力。而阅读便是提高人的智力的有效方法，阅读过程中相关的联想、思维等活动能提高人对知识的敏感度，并且在阅读时需要保持注意力集中，才能使人眼睛明亮，进一步打开心灵的窗口。阅读使学生取得较好的学习效果，并逐渐实现内在潜能的开发。

学生在实际阅读过程中，需要通过识别文字符号来获取知识信息，用心感悟文本世界并结合主观意识，这有利于学生审美体验的形成。学生可以根据文本主体框架，建立联想触点来构筑联想视域，达到自身情感境界的升华。正是由于在阅读的同时树立审美意识，并在原有阅读内容基础上进行延伸和建构，才使学生具有较强的创造力。另外，长期进行文本阅读有利于锻炼学生的思维力、想象力和联想力，对学生的良好发展具有促进作用。学生可以根据自己的需求选择感兴趣的读物，达到自身思维意识与阅读内容的融合。

二、语文阅读教学的基本特点

（一）阅读教学的目标取向

从语文学科的综合性特点分析，阅读教学的目标是认识字、积累词、扩大知识面、培养能力、开发智力、教授方法、陶冶情操、形成正确的价值观，最终培养良好的阅读习惯，在阅读中解放和发展自己。而在具体教学过程中，即在对高校语文阅读教学特点进行具体分析时，教师可从阅读教学的目标取向加以讨论，才能发现教学目标逐渐由注重知识的传授转为重视学生阅读能力的培养。传统的语文教学活动更看重为学生讲解教材内容，通过背诵掌握语文知识，这种教学模式对提高学生阅读技能的意义不大。而随着语文教学改革的深入，语文阅读教学目标已转变为重视学生语文素养及语文能力的培养，以发挥语文阅读教学在学生全面发展上的积极作用。现阶段，语文阅读教学活动的开展主要以培养学生的能力、传授基础知识以及发展智力等目标为主，追求将语文知识内化为学生的语文能力，并注重训练方法的科学化与程序化。在素质教育充分落实到语文教学课堂的背景下，教师应及时转变教学观念，确保阅读教学在正确教学目标的引导下高效开展，进而促进学生语文能力的提升。因此可以说，教学目标向学生能力培养上的转变，是现阶段阅读教学特点的体现，需要在对这一特点有充分认识的基础上，合理设定教学内容和教学方案等。

（二）阅读教学的内容取向

语文阅读教学的特点还体现在阅读教学内容逐渐由以课堂为中心转变为加强与社会生活之间的联系这一方面。传统的语文阅读教学通常是以课堂为核心展开的，教学活动开展重点在于提高阅读教学的效率上。但是随着语文阅读教学改革进程的加快，语文阅读教学逐渐突破了原来阅读教学课堂的局限性，并与实际生活联系起来。语文教学内容与生活有紧密联系，大多语文教学内容是通过实际生活得到的，并在与生活联系后实现知识的延伸。因此，学生在进行语文知识学习时，应通过接触广阔的学校生活以及社会生活，来实现学习效果的提升。目前，加强语文教学与生活实际间的联系已经成为语文教学领域重点研究的内容之一，并且阅读教学逐渐朝着生活化方向发展，要求教师在明确语文知识来源于生活这一理论的基础上，有意识地将社会生活信息融入阅读教学中，以便丰富教学内容，促使阅读教学成为提高学生语文素养的重要途径。具体来说，语文阅读教学内容朝着与生活化紧密联系的方向发展，意味着语文阅读教学更加注重对学生知识运用能力的培养，是语文阅读教学的重要特点之一，对于促进语文教学的进步和发展具有十分重要的意义。

三、高校语文阅读教学的基本任务

（一）经典文本阅读教学任务

经典文本阅读教学，主要是为了培养学生的审美情趣及提高学生的人文精神等。在知识信息不断增加的时代背景下，需要语文阅读教学能起到培养学生审美情趣的作用，进而促进学生能力的良好发展。审美需求是学生会自觉追求的内容，教师要在掌握学生心理需求的基础上，为其提供情绪宣泄出口，发挥语文阅读教学在健全学生人格方面的作用。经典文本可以通过塑造优秀的艺术形象及意象世界，来带给人们艺术体验。在阅读教学营造的环境下，学生能发挥想象力，在精神层面上感到放松和自由，这是经典文本教学应达到的教学目的。另外，开展经典文本阅读教学，还有利于提高学生的人文精神。个人智力发展程度与其性格有紧密联系，而经典文本在一定程度上规范着人的思维，具有道德约束作用，并能在阅读实践的过程中帮助读者养成良好的行为习惯。经典文本中的文化信息、历史学及哲学等价值判断，可以提高读者的人生境界，使其形成正确的世界观、人生观和价值观。因此，在进行语文阅读教学时，教师应明确阅读教学在培养学生人格和规范学生行为等方面的积极作用，进而达到理想的教学效果。

（二）媒体文本阅读教学任务

教师在进行媒体文本阅读教学时，应能完成满足学生阅读过程中休闲娱乐体验的任务。媒体文本具有信息丰富、互动性强等特点，能解决读者的内心困惑，是媒体文本能够广泛传播的关键。媒体文本中传统元素与现代元素的融合，展现出较大的自由度，为学生创新思维的运用提供了空间，有利于学生的个性化发展。特别是媒体文本在多媒体课件上展示出来，将呈现出多层含义，能更加直观和形象地传达文本内容。例如，在观看网络视频时，学生可在音乐、文字、画面等多种元素的共同作用下，获得观看的喜悦。多种媒体结合起来，随意切换风景图像，同时媒体文本在不同媒体上自由切换，能促使学生成为控制文本的阅读者，真正发挥阅读在放松学生身心方面的作用。另外，媒体文本阅读教学活动的开展，还可加强对学生乐观、阳光等个性素养的培养。媒体文本传达出的时代理念，能引导学生关注现阶段的社会热点问题。媒体文本阅读行为可在互联网环境下进行，体现出互动性特点，使得媒体文本内容能被学生深入挖掘，使媒体文本获得生成价值。大学生通常偏好体现时代特征的阅读内容，媒体文本阅读能有效满足学生的阅读需求，并加大对他们个性素养的培养，进而完成高校语文阅读教学目标。

第二节　高校语文阅读教学的基本方法

一、泛读、精读与研读

在进行高校语文阅读教学时，教师采用泛读、精读和研读的教学方法，能保证学生有效掌握语文阅读知识。为了充分发挥这一教学方法在提高教学质量上的积极作用，学生需要详细阅读文本，并初步把握文意。阅读教学中运用的文本细读方法是指教师将自身解读的关键点转变为学生学习的重点，引导学生在以文本为主的基础上揣摩字词句，将文本与画面结合起来，建立与文本相应的场景，可降低学生的阅读理解难度，为之后学生的阅读学习奠定基础。通过构建相应的场景，可激活学生的阅读实践积累与生活经验，引领学生感悟文本深层内涵和内在情感。因此，在实际教学过程中，教师要注重引导学生全面了解文本内容，以便保证泛读、精读和研读的教学方法落实在阅读教学过程中。学生是阅读学习的主体，他们与文本的接触程度对整个阅读教学效果有直接影响。当学生没有对文本形成整体印象，还不能明确掌握文本的重点内容时，教师应要求学生对文本中的语言信息进行反复咀嚼，以免造成学生对文本内容体会不深。为了达到预期的阅读教学效果，教师需要实施文本泛读、精读和研读的教学方法，引导学生全面掌握文本信息，并明确文意。这是阅读教学的根本要求，只有按照文本泛读、精读、研读的顺序进行阅读学习，才能使学生深刻感悟词句含义。

　　教师在学生没有全面阅读文本的情况下进行阅读教学，将导致学生所有的感悟在缺少文本支撑的状况下成为空洞之物。教师要求学生初步掌握文本内容，是避免阅读教学无中心扩展和无效讨论的关键，进而促使高校语文阅读教学高效开展。学生在进行文本阅读时，不能完全依靠课堂完成，还需要在课余时间完成文本泛读等环节，并在多次阅读的过程中加深对文本内涵的了解。在实际教学时，教师不仅要保证学生充分掌握文本信息，还要保证细读过程的高效性。例如，高校语文阅读教学中普遍使用泛读、精读、研读的教学方法，教师将根据课堂教学内容，为学生布置相应的课前预习任务，使学生在课前完成泛读文本和精读文本等学习环节，以便节省课堂教学时间。在正式进行语文阅读教学时，教师可直接要求学生根据自学成果，挑选出具有探讨价值的词语和句子等，这样能有效提高阅读教学效率。在研读文本阶段，教师要求学生能深入挖掘文本内涵，在对文本表层含义有所把握的基础上，再次通过品味语言来对文本的内在含义加以了解，这是阅读教学的最终目标。通过采取上述教学方法，能帮助学生掌握一定的阅读知识，并将其转换成自己的阅读技能。

二、常规教学法

高校语文阅读教学中常见的教学方法包括情境教学法和个性化教学策略等，通过合理选择教学方法，能为教学效果的提升提供有利条件。情境教学法是根据实际教学内容来创设相应的教学情境，从而为学生营造适宜的阅读环境，激发学生的阅读兴趣。适当的教学情境，有利于快速感染学生，帮助学生更快进入文本，全身心投入阅读过程。学生在这种情境下的感受是最真实的，能够对文本的内涵有正确的认识。教师在实际运用情境教学法时，可以通过教学情境的多样化预设，为教学质量的提高提供有效手段。例如，教师可在基于教材内容的前提下，设计相关的问题，引导学生带着问题进行文本阅读并感知文本。在学生确定阅读任务的情况下，能有效提高学生阅读的针对性，使他们能有目的地收集相关文本信息，进而促使阅读实践高效进行。在设计问题时，教师可根据文本中某一人物的特点或关键词句的运用目的等内容进行问题的细化设置，以便提高学生自主学习的质量。

除了情境教学法外，教师在语文阅读教学中还会采取个性化教学策略。个性化教学策略是指教师根据学生的个性特点，制定相应的教学方案等，进而确保教学方法在阅读教学课堂上的有效落实。为了保证个性化教学策略在阅读教学中的有效应用，要做到教学内容的选择能满足学生的阅读需求。学生的认知水平、学习能力以及个性特点等存在明显差异，这就表明学生的学习需求是不同的。教师要在保证教学内容具有一定深度的同时，突出教学内容的差异性。例如，对于思维较活跃的学生来讲，除了为他们提供基础教学内容外，还要结合其他课外阅读内容一同讲解，确保阅读教学活动的顺利开展。教师应重视选择能提升学生语文素养的阅读文本，不仅要加大对学生知识体系完善构建的重视，还要注重对学生精神境界的提升。通过采取个性化教学策略，可以为语文阅读教学的良好发展注入活力，进一步为学生的未来发展奠定基础。

三、创新教学法

阅读教学方法的选择对阅读教学效果有直接影响，教师通过选择适当的教学方法，能在实际教学过程中引导学生在阅读文本的同时，获取相关的阅读知识，并提高阅读能力，形成阅读思维。这是培养学生语文素养的重要策略。传统教学方法包括提问法、教授法和朗读法等，这些教学方法在阅读教学中具有一定优势，但也存在一些不足。因此，教师应该在吸取传统教学方法优点的基础上，提出新的教学方法。对话式阅读教学方法便是随着语文教学改革出现的一种教学方法，在目前的语文阅读教学中被广泛应用。这一教学方法主要是将对话作为阅读教学的基础，从对话角度出发来设计一系列教学活动，并在对话过程中丰富学生的经验。从某种角度来说，教学活动本身便是一种对话活动。教师在进行阅读教学时，构建起教师与学生、学生与阅读文本、教师与阅读文本之间的对话关系，并坚持学生在课堂教学中的主体地位，可确保阅读教学活动的顺利开展。

从学生与教师之间的对话来看，在进行文本阅读时，通常将学生看作教学活动的主体，而教师则是教学活动的发起者以及活动开展的促进者。因此，要改变教师单方面传授的教学方式，需要通过对话式教学方法在阅读教学中的实施，加深教师对学生特点的掌握，以便提高教学内容和教学方法的针对性。教学内容的合理选择有利于促使学生体会阅读的乐趣，从而满足语文教学改革要求，在提高教学质量方面具有重要意义。

另外，教师还可以运用体验式教学方法。高校语文阅读教学的主要任务是注重培养学生的人文精神及综合素养，在学生切实感悟作品魅力的情况下，使学生将语文知识转化为内在的精神品质。因此，高校语文阅读教学应注重引导学生对文章或作品的感悟体验，通过采用体验式教学策略，帮助学生理解作品的内涵，并在与作品互动的过程中激发学生的阅读兴趣。体验式教学法是指教师在明确教学目标的条件下，创设相应的教学氛围，引起学生的情感认同和情感体验，从而实现阅读教学目标。高校语文阅读教学普遍使用体验式教学法，强调学生在阅读过程中的情感体验以及阅读行为的自主性。为了确保这一方法在实际教学中的有效应用，需要教师根据教学需求营造阅读氛围，同时要求学生积极参与教学实践，以便感受文本的内涵。总之，多种阅读教学方法的运用，能保证语文阅读教学取得良好效果。语文阅读教学课堂中教学氛围的营造，是提高学生在课堂活动中参与程度的有效措施，有助于强化教学效果。

教无定法，有道可循。高校语文阅读教学法随着时代的进步和媒体技术的更新与传统教学法相去渐远，随之而来的是各种新教学法不断涌现，呈现出良莠不齐的现象。目前，还没有哪一种教学法是万能的，这是因为教育因素的复杂性客观地决定了方法选定的难度。只有针对不同教育对象、不同地域文化背景、不同执教人员的素养风格和不同教学内容设计教学法，才有可能取得事半功倍的效果。无论选择什么样的教学方法，无论教学方法怎样变化，语文学科性质与人才培养目标始终是融为一体的，只有在这两种决定因素中找到契合点才是科学的选择。所以，科学有效的高校语文阅读教学方式方法的探索是一项艰辛的工作，任重而道远。

第三节　高校语文阅读教学的内容

一、诗歌阅读教学

（一）高校语文诗歌阅读教学的重要意义

诗歌阅读教学是高校语文阅读教学的内容之一。在进行诗歌阅读教学的过程中，主要对诗歌内容以及其中展现的人生态度和作者品质等进行分析，从而引导学生树立正确的世界观、人生观和价值观。高校语文诗歌阅读教学对学生未来发展具有重要的促进作用。诗歌阅读教学的开展有助于学生身心健康，促进学生想象力的发展，进一步帮助学生构建健全人格。古典诗歌是重要的阅读教学素材之一，其中包含的人生哲理和思想情感等，在促进学生形成乐观向上的生活态度以及高尚品质等方面有较大帮助。另外，诗歌中展现的人物形象，会在一定程度上影响大学生的心理。例如，苏轼的《定风波》、陶渊明的《归园田居》等，这些作品中都展现出作者的人生态度以及对美好生活的向往，能在学生自身人格构建上起到积极作用。教师在进行高校语文诗歌阅读教学时，应充分尊重学生的审美体验，引导学生真正融入古典诗歌中，思考诗歌中的人生智慧，以便在深入剖析诗歌内容及思想情感的过程中掌握诗歌创作技巧，在实践中形成自己的诗歌创作风格。高校语文阅读教学的主要任务在于对学生的审美能力以及想象力和创造力的培养，而诗歌阅读教学的开展，可以为学生想象力的发展及运用提供广阔空间，进而满足学生的发展需求。另外，高校语文阅读教学中的诗歌阅读教学，还能促使学生积累丰富的知识，提高他们的审美能力。教师在引导学生感悟诗歌所包含的情感的过程中，将极大程度地锻炼学生的审美思维。因此，诗歌阅读教学是高校语文阅读教学中需要重点开展的教学内容之一，可以提升学生的语文素养。

（二）提高诗歌阅读教学效果的有效措施

要想达到理想的诗歌阅读教学效果，需要采取相应的教学策略。在教学策略有效实施的条件下，确保诗歌阅读教学满足学生的发展需求。教师要确保诗歌阅读教学内容的选择符合学生的个性化发展需求。不同个体对同一事物的感官体验存在差异，这就要求教师注重学生的心理特点，确保诗歌的选择能引起学生共鸣，在尊重学生个性化发展的前提下，帮助学生明确适合自己的诗歌类型，提高学生的诗歌创作能力。在实际教学中，教师应改变单方面传授知识的做法，避免向学生单项灌输自己对诗歌的感悟，导致学生的审美体验出现偏差。教师应注重学生在课堂上的主体地位，鼓励他们参与到审美活动中，通过组织学生参与合作学习、自主学习等，提高学生在诗歌学习上的主动性，这样不仅有利于完善学生的诗歌知识体系，还可以激发他们对诗歌的学习兴趣。同时，教师应充分把握学生不同阶段的诗歌解读特点。大学生接触到的诗歌内容已经有一定的难度，在这种情况下，教师应适当调整诗歌内容的重难点，通过将教学目标设定为循序渐进地提升学生的审美能力以及诗歌创作技能，从而在教学目标引导下，有效实施个性化教学策略，确保诗歌阅读教学活动的高效开展。另外，为了提高诗歌阅读教学质量，还需要确保审美内容的多元化。例如，教师在指导学生学习诗歌知识时，可以指导学生有感情地吟诵诗歌，加深他们对诗歌音乐美的感受，把握诗歌情感。在吟诵诗歌的过程中，要求学生能利用自身的想象力构建出诗歌的意境，以便获得审美体验。

我国现代诗人、文学评论家何其芳曾说："诗是一种最集中地反映社会生活的文学样式，它饱含着丰富的想象和感情，常常以直接抒情的方式来表现，而且在精练与和谐的程度上，特别是在节奏的鲜明上，它的语言有别于散文的语言。"① 这个定义性的说明概括了诗歌的四大特点：一是高度集中、概括地反映生活；二是抒情言志，饱含丰富的思想感情；三是具有丰富的想象、联想和幻想；四是语言具有音乐美。因此，诗歌阅读教学还要突出诗歌本身的特质。我国是诗歌的王国，从第一部诗歌总集《诗经》开始，到楚辞、汉赋、唐诗宋词、元散曲等古代诗歌，直至近现代诗歌，构成了诗歌的长河，滔滔不绝，汹涌澎湃，取之不竭，用之不尽，为学习者提供了广泛而深厚的学习资源与精神沃土，也为高校语文教育提供了广阔的探

---

① 苏列培：《诗歌教学与中学生想象力的培养》，《考试周刊》2010年第33期。

索空间，其学科优势无与伦比。

二、散文阅读教学

（一）散文阅读教学的审美困境

高校语文阅读教学相对于单纯的散文阅读来讲有着明显的区别，但是部分教师没有明确认识散文阅读教学对学生审美能力的影响，在实际教学中还存在教学方法选择不合理的问题。高校语文散文阅读教学的主要问题是审美概念存在缺陷，导致审美内容对立。现阶段，语文阅读教学课堂大多数由学生通过阅读直接获得审美体验，教师在课堂上无法发挥主导作用，不能引导学生深入感受散文阅读中的审美价值，容易导致学生对阅读的理解过于表面化。并且，由于教学模式固定化，容易限制学生审美思维的发展，无法保证学生对散文中的美感有明确认识。另外，目前在进行散文美学价值分析时，由于审美标准不明确，造成审美结果不一致。大部分散文需要结合其创作背景，才能理解作者的创作思想。因此，在进行散文分析时，需要综合考虑散文的创作背景、散文中包含的文化等多种因素，才能确保对散文阅读的审美价值做出合理分析。目前，语文教师在分析散文的创作背景方面投入了大量精力，忽视了作者的心理变化，以及有关审美发展史的分析，这就导致散文阅读审美探究不够充分。

（二）散文阅读教学效果提升的建议

为了突破高校语文散文阅读教学的审美困境，需要从以下几个方面着手来提高散文阅读教学效果：

首先，应重新构建审美内容。散文审美空间的打造并不在于降低教师的引导作用、减少道德审美以及情感审美等文化内容的输出，而是作为学生感受散文美学的中介。教师不仅要尊重学生的探索意识，还要丰富学生的审美探索渠道，尽快打破为学生预设审美渠道这一教学困境。例如，在进行余光中《听听那冷雨》这一散文审美分析教学时，大部分教师主要针对情感主题对散文进行分析，大多得到思乡之苦的情感分析结果，但对文章细节的感悟有所不足。因此，教师应引导学生加大对细节内容的美学分析，并通过将同类散文放在一起进行比较，促使学生对散文中的审美体验有所掌握。

其次，需要重建审美标准。影响学生感悟散文美学的主要因素在于审美标准缺失。为了解决这一问题，需要从作者的性格特点、作品创作背景等角度出发，确保审美标准合理营建，为学生散文阅读分析奠定基础。

再则，厘清文章思路，体验真情实感。散文的形式是"散"的，但并不是天马行空、无所收束的，看似海阔天空、漫无边际的描写，其思想感情的主线是统一的。教师在教学中要引导学生梳理出作者的感情线索、时间线索和事件线索，体验作者在文章中寄托于人、事、景、物的感情倾向。

最后，注重主体意识的参与。教学中，学生情感的投入和主体认知程度是教学的重要目标之一。教师要引导学生深入文本情景，通过与作者及其提供的人、事、景、物进行深层对话，与自己的情感碰出火花，从而形成自己独到而有意义的见解，这既是一种学习过程，一种对作品的深度认知与感悟，更是一次生命成长的体验。

三、小说阅读教学

（一）把握小说的内涵

在高校语文小说阅读教学中，教师应要求学生阅读小说，厘清情节线索，分析人物形象，把握小说的内涵，领会优美、生动的语言，具有对小说的鉴赏能力。在小说作品中，作者往往会通过描写人物的语言、动作、心理等，来向人们展现特色鲜明的小说人物形象。这些描写内容之间存在紧密联系，不仅要与小说的故事情节完全融合，还要符合社会背景。小说中人物形象的形成，主要与小说环境有关，小说环境不仅能起到发展故事情节的作用，还能营造出相应的气氛。通常来讲，教师在进行小说阅读教学时，需要从自然环境和社会环境两个方面着手，加深对小说内在情感的探讨。通过深入分析小说的内涵，可以帮助学生掌握小说的描写技巧和方法。通过环境分析，对小说中的人物形象特点进行全面探讨，进而为小说阅读教学的开展提供有效途径，为教学活动的顺利进行提供保障。总之，对小说的内涵进行分析，是学生进行小说阅读不可忽略的环节，也是学生全面掌握小说阅读知识的关键。

（二）扩充小说的外延

在把握小说内涵的同时，还要对小说的内容进行延伸，进一步深化小说的主题。小说的灵魂便是小说的主题。教师在分析小说时需要从多个角度出发，对其主题进行分析讨论，如详细分析作品中人物的命运以及故事情节设置特点等。例如，教师引导学生深入分析《红楼梦》的主题。这部古典小说以贾、史、王、薛四大家族的兴衰为背景，以贾宝玉、林黛玉、薛宝钗的爱情婚姻悲剧为主线，描绘了一些闺阁佳人的人生百态，展现了真正的人性美和悲剧美，是一部从各个角度展现中国古代社会百态的史诗性著作。

总之，小说阅读教学是高校语文阅读教学中的重要组成部分，要想通过小说阅读教学来提高学生的语文阅读能力，有必要在小说阅读教学目标的引导下，结合学生的实际情况，引导学生充分掌握教学内容，通过深入探讨小说主题并把握小说的外延，保障小说阅读教学的高效进行。

（三）关注叙事技巧

常规小说阅读教学主要针对小说中的人物、事件、情节三要素进行分析，关注的重点是小说写了什么，表达了什么样的主题，而很少研究小说采用的是什么样的叙事方式或叙事技巧。这样的教学模式很容易将小说的内容与形式割裂开来，最多是让学生知道小说讲的是一个关于人物或事件的故事，而这个故事是怎么讲的、为什么这样讲却很少过问。殊不知，小说的叙事技巧也是最吸引人的地方。要深入理解小说的艺术魅力和文学价值，就要引导学生从叙事角度对小说的表达方式进行品读鉴赏。教师可根据课堂的实际情况，列举出表达方式与传统现实主义小说迥然不同的现代主义或后现代主义作品，由此总结出小说的"故事与叙事"的区别，从而帮助学生建立起现代叙事学的基本框架。简单了解小说的故事和叙事的区别后，教师可从叙事角度、叙事时间和叙事结构三个方面对现代小说叙事理论做简要介绍，其中叙事角度是教学重点。为避免纯理论知识讲解的枯燥与深奥，教师可通过简单易懂的实例进行分析，如"马原体"小说，堪称小说叙事"革命"，其叙事随意自然，故事之间没有任何逻辑关系，完全没有传统小说的叙事秩序。马原在小说中陈列各种事件的写法，实际上就是一种对于生活现实本质的叙事还原。通过简单的实例分析，能让学生直观形象地了解叙事角度对小说表达的影响。同样的教学方法也可用在对叙事时间和叙事结构的阐述上。小说是虚构的真实，故事和叙事共同折射出作者的写作意图和审美内涵。

总之，高校语文小说阅读教学应构建现代叙事学的基础框架，才能让学生在随后的具体文本赏析中，形成从叙事学角度鉴赏小说的意识。比如，作者为什么从这个角度讲故事？换成其他角度讲述的话效果如何？作者为什么要采用这样的叙述顺序？小说结构安排的背后有怎样的用意？对这些问题的思考与探索，才是高校语文小说阅读教学的创新之路。

（四）体验小说的情景

高校语文教学首先要明确学生的主体地位，学生不是知识的被动接受者，而是知识的研究者和创造者；而教师作为课程的组织者和指导者，应引导学生用自己的经验和情感去体悟作品，更多地发现作品的"不确定性"和"多重性"。教师可根据高校语文小说阅读教学的特点及学生的实际认知水平，通过实践教学，以角色扮演、问题研讨、情景模拟和比较阅读等较适合小说的创新教学方法，激发学生的自主学习兴趣。例如，《游园惊梦》刻画人物的手法之一是自然而精准的人物对白描写，这也是白先勇小说创作的一个特点。在教授该课程时，教师可以让学生分小组对不同场景进行演绎，并提出问题让学生思考：不同人物的对白分别有什么特点？映射出怎样的人物性格？通过角色扮演，扮演者和观看者都会对人物形成一个大概的印象，有些扮演者甚至会将自己的领悟在演绎过程中通过语气、动作体现出来。在此基础上，师生再一起来分析每个人物的性格特点。其中，教师始终处于引导者的位置，每个人物的性格特点都由学生自己分析。一个人的理解或许不够全面，但把多个人的回答汇总到一起，往往能分析出比较正确而全面的人物形象，最后教师再做总结性的概括。比如，同样是国民党上层军官的夫人，由于年龄、身份、经历的不同，她们所使用的语言也不一样：钱夫人温柔、婉转的语言中透着小心谨慎；窦夫人八面玲珑，同时又因自己正得势而自然流露出一些炫耀；蒋碧月则轻佻放荡；等等。在课堂教学开始阶段使用角色扮演法，可充分吸引学生的注意力，调动其学习的积极性。

问题教学法中的问题可分为大问题和小问题，高校语文教学应注重大问题的研究。大的论题可提前布置，让学生在课前充分准备，再带到课堂上讨论；或教师在课堂上布置，交给学生课后自行研习，再提交成果。大问题的研习，关键在学生课余时间的自主学习，教师起指导、督促的作用。比如，在了解了《游园惊梦》中主要人物的性格特点后，教师可从叙事角度提出问题：这篇小说是以谁的视角叙述的？作者为什么要从这个角度讲述故事？换成其他人来讲述行不行？这些论题，教师不必急着给出答案，可以留给学生深入思考，甚至可以让学生尝试以其他人的视角来叙述这个故事，看看效果如何。在教学中，教师也应提出一些关于文本细节的难度适中的小问题，帮助学生加深对作品的理解，同时增强学生的自信心和阅读兴趣。例如，文中有哪些场景环境描写？这些描写起到什么作用？钱夫人看到这些场景后有什么反应？作者这样写的意图是什么？通过课堂讨论，以学生分析为主、教师引导为辅，共同得出合理答案。

高校语文教学中引导学生主动参与、亲身体验也十分重要。例如，学习《游园惊梦》的意识流手法时，可分组组织学生进行自由联想，相互交流意见。通过亲身体验，学生能更直观地理解意识流的特征：意识流是一种自由联想，它随着人的意识流动到哪里就写哪里。比如，看到火车，会想到西藏或其他任何地方，或是任何相关的事物。但意识流并不是无联系的意识碎片，从一个联想到另一个联想之间，必然暗含一点联系，正是这些联系形成了意识的"流"动。在了解意识流的基本概念后，教师可接着详细介绍意识流作为一种小说流派的特点，而后让学生思考：《游园惊梦》中的意识流与西方意识流小说有何不同？作者为什么要采用意识流的手法？有什么好处？时间充裕的情况下可组织课堂讨论，亦可布置为练习题，留给学生课后研究。

四、戏剧阅读教学

（一）戏剧阅读教学开展的意义

开展戏剧阅读教学有利于提高学生的创作能力、理解能力和表达能力等。戏剧阅读教学作为高校语文学科的主要教学内容之一，在提高学生的语文素养方面有不可忽视的作用。在对戏剧阅读教学开展的意义进行分析时，需要注意的是，戏剧阅读教学不是要学生学会表演，而是体验戏剧中尖锐的矛盾冲突体现的社会意义以及高超的艺术形式，从而实现对传统文化的传承与传播。同时，教师在教学过程中加深学生对传统优秀文化的了解，有利于在文化熏陶下促使学生形成优秀品格，塑造学生的良好形象。

戏剧阅读教学对于学生来讲具有较强的吸引力，主要是由戏剧阅读教学内容的多样化以及丰富的教学手段决定的。教师可通过组织相应的戏剧表演活动，要求学生扮演戏剧作品中某一特定角色，并在相应的情景下进行对话，从而帮助他们在轻松的氛围下掌握戏剧知识，并对语文阅读教学本质有更好的认识。

（二）戏剧阅读教学实施策略

通常运用在戏剧阅读教学中的策略包括阅读和拓展延伸等，其中阅读在语文教学实践中具有普遍意义。阅读文本的过程能调动学生多个器官的协调作用，促使学生深刻理解并感悟作品内涵，与作者在思想层面上达成共鸣，进而丰富学生的情感，培养他们的语文素养。阅读在戏剧教学上同样是重要的教学策略。戏剧的表现形式主要包括文字和舞台表演两类。在研究戏剧时，不能忽视其文学性特点，需要在充分理解戏剧文本的前提下，演绎戏剧中的人物形象并达到预期的表演效果。阅读戏剧文本是表演的前提条件，为了确保完整呈现文本的细节内容，要采取文本精读的方式，紧抓戏剧文本特征进行情感分析，以便凸显戏剧的艺术魅力。例如，教师在讲解戏剧文本时，要求学生针对其中的某一场景，利用自己的语言将戏剧文本的信息表达出来，深入体会其中蕴含的情感等。学生精读戏剧文本，能为戏剧表演的顺利进行提供保障，并且能够促进戏剧阅读教学高质量和高效率完成。

　　另外，戏剧阅读教学中还要应用拓展延伸这一策略，旨在让学生以教材为主，探索更加宽广的戏剧世界。在实施这一策略时，教师应考虑到学生接触戏剧的机会较少，在一段时间的学习之后，他们对戏剧文本的认识还没有达到较深入的层次。因此，教师应引导学生在欣赏戏剧作品时，遵循由易至难、循序渐进的原则。例如，教师可以将教材中的戏剧作品和其他优秀作品结合起来分析，促使学生对这些作品进行对比分析，在对不同戏剧的相似点有所掌握后，使学生初步掌握戏剧的文本特点，丰富学生的戏剧知识，为之后的戏剧学习打下坚实的基础。

第五章　高校语文写作教学

第一节　高校语文写作教学的特征

许多大学语文教材的编写者把写作教学的理论或几种实用文体的写作知识编在教材里之后，自称把阅读和写作融为一体，但实际上不过是"编"在了一起，而远非"融"为一体。高校语文写作教学不仅要系统地讲授写作理论，还要培养学生的写作能力，表现为写作练习形式的三种结合，即写作和阅读结合、写作和实践结合、写作和专业结合。这是高校语文写作教学的三个突出特征。

一、写作和阅读相结合

人的写作能力不是单一的技术，而是由材料、动力和方法三个要素构成。它们主要来源于自然界、现实生活以及阅读。对于大学生来说，阅读是他们培养写作能力的重要方法，阅读能同时提供写作的材料、动力和方法，而且是以感性的方式提供并跟思想和精神结合在一起的。也就是说，阅读是写作的源泉。

程端礼曾说："劳于读书，逸于作文。"杜甫也说："读书破万卷，下笔如有神。"古人强调读书"三到"中的"手到"就是写，把自己读书的心得及时记下来。叶圣陶先生说："阅读是吸收，写作是倾吐。倾吐能否合乎法度，显然与吸收有密切的联系。"①阅读与写作如同人的呼吸，人不可能只呼不吸，也不可能只吸不呼，呼吸均匀生命才有活力。要想提高写作水平，我们应当尽可能提高阅读水平，尽可能拓展阅读面。有了足够的阅读积累，写作时才能文思泉涌。但凡和文字打过交道的人都会有感觉：当我们读到好的作品、好的句子时，往往会赞叹不已，感到美妙无比，我们的心里会激荡起感情的涟漪，产生一种也想倾诉和表达的愿望。所以，阅读是培养写作能力最根本、最实际的途径。人非生而知之，语言也一样，需要借鉴、模仿和创新。这里包含精神和方法两个方面的内容。阅读是一种主体的能动创造，阅读主体对文本的接受过程实质是一种再创造过程，可以从作品中获得知识，唤醒情感，催生能力。写作是一种精神创造，写作和阅读结合实际上是多种生活体验和思想认识的交流，是创造欲望的孕育和创造力的发展。因此，在语文教学中，教师既要重视对文章内涵的感悟理解、品析赏鉴，又要重视对文章结构、修辞手法的学习掌握、创造运用；既要重视通过文章培养学生的人格、精神，又要通过文章训练学生掌握写作技能。

高校语文写作教学和阅读结合，首先应在高校语文课程设置中把阅读

---

① 胡大力：《阅读与写作如何做到有效结合》，《中学语文》2018年第18期。

和写作合并，真正做到融为一体。在语文教学中，阅读、写作不能分家，应是互为本位、相互促进的一体两翼。我国大多数语文教师在教学中，基本上采用讲解文章范例的方法来培养学生的写作能力，其基本方法是以选定的范文为基础，在阅读的基础上设计写作题目。阅读有利于写作的深化，写作中应有阅读成果的体现。教师可以在讲解课文后明确提出写作要求，或片段或整篇安排训练，有序推进阅读与写作同步进行，共同提升。读写结合的关键在于内容和方法两个方面既符合阅读规律又符合写作规律，这使课文的选定和课文后的写作设计面临双重挑战。

读写结合的基本范式有三类：

一是文内读写。教学范式一般为：阅读理解课文的主要内容，浅触情感；选择敏感点进行文本细读感悟；指导学生体验课文文字背后表达的深情厚谊；就课文相关内容进行补白或拓张等写作训练，提升学生的情感。"阅读—讨论—写作训练"的教学环节是保证语文教学质量的有效方法。

二是读内写外。教学范式一般为：阅读理解课文的主要内容，初步感知主要写作方法；抓住最能体现文本独特写作方法的语句进行文本细读，感受文本写作方法的独特魅力；欣赏采用同类型写作方法的文章或片段，加深对文本独特写作方法的理解；模仿并创造性练习，从而形成相应的写作技能。

三是读写从文内走向文外。教学范式一般为：文内读写，初步理解文章的思想情感及文本创作方法；改写文本，加深对文本情感的体验，加深理解文本的创作方法；文外创作，巩固文本创作方法，自我设置思想情感内涵，自我提升情感及思想认识。

二、写作和实践结合

写作是对思想观念和实践认识的表达，任何写作都属于意识的范畴。根据唯物辩证法和实践认识论，物质决定精神，存在决定意识，人的认识只能从实践中来而不可能是头脑里固有的。所以，实践是写作的最根本的源泉，写作在本质上就是实践的总结和延续。苏联著名教育家赞可夫认为，只有在深刻、全面地认识现实生活的基础上，使学生头脑里形成的不是支离破碎的片段，而是事物之间的内部联系，使学生能把所感知的现象的各个方面有机地结合起来，才会有认识与感受的系统性，写出来的东西才有条理。离开实践的写作教学无异于纸上谈兵，对于学生的能力的形成和发展无益。因此，高校语文写作教学应当与学生的实践紧密结合，教学生写真实的生活。这包含两个方面的内容：一是在实践中写作，二是为实践写作。

由于历史背景不同、文化背景不同、社会现实不同，在不同的国家，写作和实践结合具有多种不同的方式。德国提出"生活写作"的教学观念。"生活写作"是指加强写作与生活的联系，让学生观察周围环境，进行社会调查，写出表达真实情感的文章。它具有五层含义：第一层含义是学生写自我经历；第二层含义是学生写理解日常生活用语内涵的文章；第三层含义是学生发表对生活中的思想行为的理解和评论；第四层含义是学生写应用文体的文章；第五层含义是学生一边体验生活，一边进行写作练习。"生活写作"是学生对生活的一种独特感受和真切体验，是一个"我手写我心"的过程。

美国注重指导学生写研究性论文。教师往往提供比较宽泛又是学生普遍关心的论题，如"美国新的精神状态""如何改进种族关系""都市中的安全""美国特级商品的销售"等，课题的科技含量、文化含量比较高。学生要写作一篇文章，往往不是简单地介绍一下有关知识、程序和原理，而是需要查阅、搜寻许多相关资料，综合诸多学科知识。为了培养学生的民族感情和对本国文化的热爱，教师还有意识地通过命题，引导学生对本国历史、文化、风俗习惯、价值观、宗教信仰等进行评价，以丰富和完善学生的文化素养。教师提出的课题注重引导学生关注现实、参与社会、面向未来。在教师提供论题以后，学生需要确立具体的论文题目，需要运用所掌握的资料进行比较、推断及综合分析，需要独立地得出结论。这些，无不蕴含着创造性。

在我国高校语文课程中，写作和实践结合通常采用的方式有三种：校园活动、语文综合性学习活动和社会实践。大学社团林立，活动丰富多彩，大学生参与设计社团活动的热情很高。几乎所有的社团活动都离不开言语活动，如演讲、辩论、话剧表演、活动方案设计等。校园活动中的写作是真实、自主、快乐的写作，学生能够在自主体验中实现精神成长，促进言语能力的发展。这一类写作的关键是教师在校园活动中的积极参与和主动支持。

语文综合性学习活动是在教师的指导下，学生选定研究课题，围绕课题搜集材料，分析整理材料，讨论解决问题的方案，撰写研究论文或总结报告，然后发布、交流学习成果。这是一个完整的综合性学习活动，它包含课题、材料、研究、表达等要素，言语活动贯穿学习活动的每个环节。这种写作教学方式需要教师投入更多的精力，精心设计、切实组织和及时推动是这类写作教学成功的关键。

社会实践中的写作教学主要是撰写社会实践报告。撰写社会实践报告对大学生具有十分重要的发展意义，可以加深他们对社会、人生的认识，历练社会工作能力，磨炼意志，塑造人格。就提高写作能力来说，这种练习也是全面且有效的，因为这个过程包含了观察、体验、思考、研究、表达等语文学习的重要元素，这些元素可以促进个人能力发展。教师对学生在社会调查报告写作中的指导应该是全方位的，从对实践活动的记录到报告主体的确定，从结构的安排到材料的取舍直到言语方式的确定。教师的指导并非事无巨细，最重要的、处于核心地位的还是培养学生的研究精神和研究能力，这是提高学生言语表达能力的精髓。

三、写作和专业结合

从一般意义上说，一个人的言语能力总是表现为一定生活和专业领域内的言语能力，一个在他熟悉的和所从事的专业领域内言语能力很强的人，在他所不了解的领域内的言语能力很可能是差的。所谓隔行如隔山，这座山会成为言语难以逾越的屏障。再从言语表达的内容和作用来看，一个人言语能力的核心是他的专业言语能力，日常生活交际的言语能力并不构成最有价值的部分。日常生活交际的言语能力主要是习得的，其中性格等因素也具有重要的作用，而专业言语能力主要是靠教育获得的。"世事洞明皆学问，人情练达即文章"，这一类学问和文章一般属于人生伦理的范畴，而自然与社会、人文与科技、做人与处事，各个不同的领域所使用的基本概念差异很大，它们各有自己的专业语言系统。对其内涵如果没有深厚的知识积累和丰富的实践阅历做基础是很难理解的，何况自如运用。

美国著名教育心理学家理查德·梅耶建议教师有目的、有意识地使写作成为学校中其他课程的学习方式，如在物理、化学、生物、历史、地理等课程的学习中，教师指导学生为学习而写作。"为学习而写作"实现了写作和专业学习的高度融合，写作不单是写作课的事情，也贯穿于其他课程，成为课程实施的一种手段。其实施步骤是:第一步，选定一个课程学习目标，这个目标可以通过写作达到;第二步，设计一项写作任务，以帮助学生达到预定的课程学习目标；第三步，教师对学生完成写作即完成课程学习的情况做出判断和评估。

写作和专业结合既是发展言语能力的根本所在，也是言语能力的价值所在。在高校语文课程中，"为学习而写作"可以理解成为专业的学习而写作，把语文学习和学生的专业学习结合起来。和专业结合的写作不能狭隘地理解为专业实用文的写作，而是利用专业的知识解决专业问题的带有欣赏性、文学性和研究性的写作。比如，旅游专业对某一景点解说词的写作，以及对著名景点楹联的综合研究的赏析性写作；法律专业对经典案例及最近有争议的案件的分析，以及模拟庭审词的写作；经济专业对某一商品市场调查报告的写作等。教师要善于让学生带着一个饶有趣味又有一定难度的专业命题去收集资料，写出研究性文章。

写作能力乃至整个语文能力的形成，从很大程度上讲，不是依靠教师喋喋不休的分析，而是依靠学生对信息的积累。写作是需要教的，但教的方式不是抽象教条的。写作和专业结合是开发写作信息资源的有效途径，更深层的意义还在于提高学生的专业认知水平，使他们的写作具有一定专业深度，从而增强文章的应用价值。

第二节　高校语文写作教学的任务

一、提升学生的书面表达能力

（一）学生书面表达能力的基本结构

关于书面表达能力结构的划分，已经有研究资料对此进行了充分论述。有研究者认为写作属于一种特殊能力，主要由审题、立意、组材、表达及修改等多种能力组成。另外，还可从写作的心理过程角度出发，来进行写作能力的分类分析，将其划分为观察和分析能力、确定中心、审题能力以及语言表达能力等要素，要求写作者同时具备上述能力，以便创作出高质量的作品。还有研究者从思维品质方面着手，将写作结构划分为灵活性、敏捷性、深刻性和创造性等多种思维品质。写作是一个考验写作者多方面能力的过程，因此，需要做到充分掌握写作技能，以便有针对性地提高写作能力。另外，利用定量的方法对学生写作能力结构加以研究分析，可将其划分为写作能力要素、词汇量要素和词语能力等。

写作能力结构主要包括六种能力，分别是审题能力、收集材料能力、立意能力、整理材料能力、语言表达能力和修改能力。在进行写作教学时，教师要注重对学生进行上述能力的培养，以便确保学生具备较高的写作能力。

（二）书面表达能力对学生发展的重要意义

书面表达能力对学生发展的重要意义主要体现在以下两个方面：一是提升学生的语言能力。书面表达能力通常被看作一种综合能力，是写作教学的重要目标，需要在写作实践过程中加大对学生书面表达能力的培养。书面表达能力被看作语文发展的核心能力，相较于阅读能力等其他能力来讲尤为重要，只有确保充分积累语言知识，才能达到较好的写作水平。同样，书面表达能力不断提升，有利于带动其他能力的发展，如对个体语言能力的提升有明显作用，能通过写作训练丰富学生的语言体系，进而具备较好的语言能力。二是促进学生观察能力的提高。观察是写作的起步，学生需要凭借自身经验有计划地重新认识生活。通过观察能获取大量写作素材，从而扩展学生的写作思路。观察是一种体现出层次性的思维活动，重点在于对事物内在的把握。因此，在提高学生书面表达能力时，势必会促进学生观察能力的提高。书面表达能力可看成是提升观察力的有利因素，在培养观察能力上起到保障作用。因此，教师应在对书面表达能力在个体发展上的促进作用有所掌握的情况下，有针对性地组织写作教学活动，进而发挥写作教学在学生语文素养培养上的积极作用。

（三）关于培养学生书面表达能力的建议

高校语文写作教学在提高学生书面表达能力方面有着重要意义。为了充分发挥高校语文写作教学的功能，有必要从以下两点出发，对学生的书面表达能力进行培养：

一方面，应注重基本功练习。书面表达是语文知识的综合运用，不仅要求知识积累量充足、语句运用准确，还要求字迹清晰、语句通畅。因此，要从基础训练着手培养学生的书面表达能力。在实际教学时，教师应引导学生积累日常阅读中遇到的有借鉴意义的语句，并在练习中，能通过合理运用语文知识将其内在思想表达出来。

另一方面，还应注重课上的限时训练。语文写作训练包括审题和具体写作等环节。在审题阶段，要求学生根据已知材料，收集相关素材，在对写作主题有所把握的基础上，搜索知识体系中的已有知识，通过知识的运用，形成一个初步的写作框架。在实际写作过程中，要求学生运用语言表达技巧，将自身写作风格及情感等表达出来。为了达到较好的写作训练效果，应限定学生在规定时间内完成写作训练，这样有利于激发学生的潜力。

总的来讲，教师在进行语文写作教学时，应充分认识这种教学活动在提升学生书面表达能力上的积极作用，进而从这一角度出发，有针对性地选择教学方案及教学内容等，从而完成教学任务，为学生未来发展奠定基础。这是写作教学重要价值的体现。

二、提高学生的思辨能力

（一）学生的思辨能力的本质特征

从本质层面来看学生的思辨能力，可将其看作体现个体理性思维能力，并反映出个人理论素养的一种能力。思辨，即慎思明辨，力求规避观点的直线性、片面性和凝固化，要求用立体、辩证、发展的思维分析问题。大学生在思考问题时可能存在思维片面性、思考简单化等缺陷，无法做到深入认识客观事物的本质特征。因此，在开展教学活动时，教师要针对学生的身心特点，在明确教学任务的基础上，改善学生存在的思考不全面等问题，尤其应加大对他们思辨能力及逻辑能力的培养。语文写作教学活动的组织，能有效实现上述教学目标。另外，语文写作教学实践的开展还有利于学生心理健康发展，为学生提供多样化的写作素材，帮助学生及时掌握社会热点问题，并在吸收多种观点的情况下，使自身能够明确判断客观事件。具体来说，思辨能力的提升及心理健康发展是学生发展过程中需要实现的主要目标，从它们的本质来看，主要与学生的理性思维能力有关，这就决定了语文写作教学要起到促进学生思维能力提升及心理健康发展的作用。

（二）提高学生思辨能力的教学策略

要想取得理想的语文写作教学效果，教师需要在教学实践中采取适当的教学策略，以便提高学生的思辨能力。

首先，营造平等对话的教学氛围，鼓励学生在对话过程中掌握思辨能力。对话式教学是语文学科主要采取的教学方法，要求教师能充分掌握对话理论。真正的对话式教学应在基于真诚合作的条件下，以创新和知识探索为主要目标，尊重学生的思想并要求学生具备批判意识。因此，教师在开展语文写作教学时，要鼓励学生将自己的看法讲出来共同讨论，进而为学生提供思辨空间，培养学生的思辨能力。

其次，在实际教学时，还应激发学生的写作兴趣，调动学生的思辨积极性。目前，学生大多被动地获取知识，课堂上师生互动较少，并且教师留给学生思辨的空间和时间较少，导致学生疲于思考。为了解决上述问题，教师需要充分落实学生的课堂主体地位，引导学生积极思考，逐渐树立问题意识，促使学生养成独立思考的习惯，从而提高学生的思辨能力。由于写作教学的主要教学内容包括研读教材文本、积累经典美文等方面，学生在掌握足够的写作素材后，便可运用写作技巧创作出体现自身风格的文章。这一过程需要学生具备自主学习意识和思辨意识，需要学生在明确判断写作主题后，综合运用多种语文知识。因此，可以认为写作实践有利于提升学生的思辨能力，使学生在收集资料和讨论过程中实现知识的延伸，使写作教学高效开展。

最后，为了加强对学生思辨能力的培养，在进行语文写作教学时，还应鼓励学生利用多种表达方式进行内容阐述。这样不仅有利于提高学生的语文素养，还能丰富语文教学内容。例如，在进行写作教学时，教师可以通过组织演讲、辩论和新闻评论等活动，提高学生的表达能力，并训练他们的思辨能力。上述活动形式对于学生来讲有较大的吸引力，学生会自觉准备演讲材料，通过选题、收集素材、修改演讲稿和琢磨演讲技巧等环节，最终达到较好的演讲效果。在上述过程中，学生会力求选题新颖独到，确保演讲角度新鲜，话题能引起共鸣。因此，教师采取上述教学方法，势必会完善学生的知识体系，锤炼学生的心理，可将这个过程看作一次重要的思辨训练。另外，辩论活动的组织还能充实学生的辩论知识，提高学生的反应能力。总的来说，在进行写作训练时，学生需要凭借各方面能力来完成写作任务。在审题和收集写作素材的过程中，教师要引导学生独立思考，合理选择写作技巧，从而确保写作教学的顺利开展。

三、培养学生的独立自主精神和实事求是的文风

随着素质教育在大学写作教学方面的充分落实，写作教学将以培养学生独立思维、提高学生创新能力为主要任务，突破传统教育理念的限制，以激发学生的自主学习意识和自主思考意识，为语文写作教学发展注入活力。在进行语文写作训练时，教师通常要求学生利用已经掌握的写作技巧，写作体现独特风格的文章。因此在写作过程中，教师会引导学生运用创新

思维和独立思考意识来写作，以便突出文章的价值。不断实践将促使学生逐步形成独立自主精神，能自行进行审题和收集素材等，并在借鉴其他优质文章的基础上，丰富自身写作素材体系，进而为写作奠定基础，这是提高学生语文写作能力的关键。同时，学生写作能力的提升将带动其他能力得到良好发展，如他们的独立自主精神将在教学实践开展过程中逐渐强化。

另外，写作教学的任务还包括培养学生实事求是的文风。由于写作训练都是在学生收集了一定的写作素材的条件下开展的，对于学生而言，写作过程便是对已有素材进行整合和有效阐述的过程，要求学生能做到实事求是，确保写出的文章有参考价值。大学生在论文写作、新闻稿编写等方面都需要运用自己的写作能力。因此，高校语文写作教学的开展有重要意义，有助于提高学生的写作能力，并促使他们形成实事求是的文风。这是高校语文写作教学在促进学生发展方面的重要意义。

第三节　高校语文写作能力的培养方法

一、锻炼语言表达能力

（一）作文主题贴近学生的实际生活

写作训练是针对某一具体作文主题开展的，需要确保选择的作文主题与学生的实际生活紧密联系，从而方便学生积累写作素材，并能调动学生的写作积极性。写作本身是一种实践性较强的活动，需要借助语言文字这一载体来实现文章内容及情感的精准表达。在写作主题的选择上要满足写作训练需求，尽可能通过写作主题的合理选择来激发学生的写作欲望，从而在实践过程中提升其语言表达能力。例如，教师可以针对学生关注的社会热点问题展开讨论，在讨论中让多种观点产生碰撞，保证学生在吸收多种观点的情况下，逐渐完善自己的理论体系。之后可以要求学生以这一问题为写作主题，并利用已经掌握的理论知识来进行文章写作，确保学生在清晰的思路下有序开展写作行为，以保证文章质量和可信度。写作训练持续进行，有利于提高学生的语言表达能力。清晰的逻辑思维可以保证学生将自己的观点通过文字传达出来，确保语言应用的合理性，并在不断推敲修正的过程中，将文章主旨利用有限文字呈现出来，进而提高写作能力。

（二）创设适当的写作情境

为了获取较好的写作教学效果，教师还应在写作教学中创设适当的教学情境，即通过对目标事物进行形象化描述，促使学生在适宜的情境下，运用自身的思维和情感来完成写作。通过创设情境，学生能产生融入其中的真实感，能更好地感悟文章主题，进而在明确文章主旨的基础上，运用语言文字将其表达出来。例如，大部分教师在开展写作教学活动时，会根据教学内容营造相应的写作氛围，通过组织辩论和演讲等活动，引导学生快速进入课堂教学中。在这一环境下，教师引导学生加深对文章主题的认识，并引导他们从多个角度出发进行观点阐述。借助语言文字及相关文章结构来展现文章主题，势必要求学生具备一定的语言表达能力。在写作实践中，教师应引导学生注重自身语言表达能力的提高，并将其作为写作训练的主要目标，激发学生写作训练的积极性，并在适当的写作情境中引起学生情感上的共鸣，从而丰富学生的情感，促进学生语言表达能力的提升。

二、培养发现问题的能力

（一）提升学生写作技能的关键

为了提高学生的写作能力，有必要通过培养学生发现问题的能力，来促使学生具备较好的写作技能。在实际写作教学时，教师要及时转变教学观念，不仅注重传授学生知识，还要培养学生发现问题的意识，使学生真正认识发现问题这一能力在写作能力提升上的重要意义。需要注意的是，大多数学生都具备发现问题的潜能，需要通过设计符合学生能力发展的教学内容，进一步促进学生的良性发展。例如，教师在讲解某一写作主题时，可以鼓励学生质疑教学内容，通过讨论来挖掘写作主题涉及的问题，包括写作角度、写作素材和写作方法等。通过加大对学生发现问题能力的培养，有利于激发学生写作的兴趣，并进一步提高他们的思维能力。

总的来说，发现问题这一能力对学生写作技能的整体提升具有重要作用，需要教师在教育观念及时转变的基础上，加大对学生发现问题意识的培养，以便真正提升学生的这一能力。

（二）增加学生的知识积累

为了提高学生发现问题的能力，还要保证学生具备一定的知识储备量，以便为学生深入探讨写作问题提供基础条件。教师应在丰富学生的知识体系上投入更多精力，通过为学生提供多样化的写作教学内容，在教材的基础上进行知识延伸，来使学生形成完善的写作知识体系。发现问题的能力主要是通过思维方式展现出来，而这一能力的体现需要依靠扎实的基础知识，从而确保发现的问题具有价值。有学者研究指出，知识量与创造能力之间存在一定关联，个体的创造能力可以在较小信息量的条件下产生，也能在充分的信息资源下产生；但是随着信息规模的扩大，以信息为基础得到的创造性成果，它的现实性以及参考价值将更大。由此可见，知识与信息是创造的前提，也是发现问题的根本条件。教师在写作教学过程中，要逐步增加知识范围和知识获取难度，从而为学生发现问题能力的提升奠定基础。对于大学生来讲，他们已经接触过多种类型的写作素材，基本实现了写作知识量的有效积累，但是还需要在此基础上不断吸收新的信息资源。教师在帮助学生积累知识的基础上，还要注重提高知识质量，即在掌握一定数量知识的前提下，完善知识组织体系。例如，教师通常在进行写作教学时，会针对某一特定的主题进行知识总结，以整合多类知识，确保学生记忆的写作知识处于一种有序和谐及结构完善的储存状态，并在学生掌握一定的知识后，加大问题的难度，进一步提升学生的写作能力。

三、提升审美能力

（一）在确定文章主题时提升审美能力

教师在写作教学中对学生的审美能力进行培养时，需要在确定写作主题的过程中加大对这一能力的培养力度。文章主题是指作者在写作时运用多种材料呈现出的中心思想，通常贯穿在文章全部内容中，明确体现作者的写作意图。通过对文章主题的分析，能了解作者在文章中表达的对客观事物的认识和理解。主题同样是文章信息的凝聚点，直接决定文章基调及情感。为了培养学生的审美能力，教师应帮助学生在写作时确定积极向上、具有新意的主题，并在选材过程中提升学生对客观事物美的感知和认知能力。确定写作主题的过程，便是将写作者自己的情感取向融入其中的过程，这就决定了主题选择阶段与审美能力有一定联系，需要通过对这一过程进行适当指导，来达到提升学生审美能力的教学目标。

在实际选择写作主题时，教师应以教材为主，为学生提供具体可感的材料，并从多种角度出发，将文章中的情感引进写作实践中。为了使学生的情感与写作主题产生共鸣，教师需要保证教学内容体现的思想情感与学生的心理发展水平基本一致，以确保学生能获取较高程度的情感体验。这是提高学生审美能力的有效途径，从而带动学生写作能力的提升，也是教师在写作教学实践中应重点完成的任务。

（二）在文章结构布局中提升审美能力

要想提高文章的整体审美价值，需要合理设置文章结构，保证文章结构体现出完整性和连贯性。文章结构布局的教学，有利于提高学生在布局文章结构方面的能力，从而创作出高质量的作品。首先从完整度角度来看，文章的不同部分需要整合成统一整体，遵循文章局部统一于文章整体的写作原则，确保文章局部与整体之间存在深刻联系。体现文章结构整体性的关键在于，使文章局部和整体表达同一主题，能将作者的写作思路清晰呈现出来。对于记叙文、说明文和应用文等不同文本形式来讲，其情感起伏变化以及写作格式等方面，都需要有效结合起来，避免由于某个环节存在问题，导致整篇文章质量低下。例如，教师在讲解文章结构时，需要针对某一类型文章，对其前面的暗示内容和后面的说明内容进行阐述，以便帮助学生形成完整的写作结构的意识，使文章整体连贯起来。另外，从连贯性这一角度来看，只有在保证结构具有连贯性的条件下，才能确保文章结构是完整的。为了达到这一写作目的，要求学生做到在思想上互相贯通，在表达形式上有效衔接，进而带给读者较好的阅读体验。文章结构的连贯性不应受文章内容的影响，需要利用理性思维，将文章涉及的材料信息和观点等系统地表达出来。总的来讲，在写作实践中，教师应引导学生通过合理布局文章结构来提升审美能力，进而逐步提升写作能力。

（三）在语言运用中提升审美能力

写作是运用语言表达思维的过程，而"语言一半是事物的代名词，一半是精神情感的代名词，它是事物同精神之间的一种媒介体"[①]。在写作教学中，怎样提高学生的语言运用能力是教学的难点。从写作心理学、词汇学、美学等理论观照写作行为，需要从以下方面加以重视：

一方面，要强化学生的审美修养。我国自古就有"文以载道"的说法，这是文章写作的价值追求。写作是客观事物作用于人的主观感受的能动反映，"原天地之美，达万物之理"，文章的好坏主要取决于"道"的高下，而"道"的高下又取决于作者的心灵境界。作者的心灵境界是对宇宙、人生哲学的思想认识和审美品位。提高写作审美品位首要的是消除功利，心

---

① 王淑娟：《谈教师的课堂教学语言》，《甘肃教育》2016年第14期。

无杂念。写作教学应培养学生摆脱名利等各种杂念的羁绊束缚，以使精神自由地驰骋于艺术天地中。除此之外，还要加强艺术熏陶，高校语文写作教学离不开对语言艺术技巧的追求。只有置身于美文美言的熏陶感染中，人的心灵才能获得净化与升华。"仁者乐山，智者乐水"，审美和艺术在人们为达到"仁"的精神境界而进行的主观修养中能起到一种特殊的作用。因此，体验美文美言是大学写作教学不可或缺的途径。

另一方面，要增强语感，培养措辞技能。语感是对语句的总体感觉，是用词是否恰当准确得体，表达的内容与形式是否令人愉悦。措辞技能是动笔时刻集中发挥作用的功能，包括语感能力和思维能力。所以在高校语文写作教学中，培养学生的语感能力和思维能力至关重要。

在文学领域，语言的情感表达作用比它的事物指示作用显得更为重要。语感的培养主要体现在三个方面：一是多读多练，这是最为常见的语感培养方法。反复阅读能将人的注意力集中到文章内容里，感受理解其意境与思想，同时体会文章的节奏韵律之美。通过积累字词、理解文本内容以及熟练地记忆等方式，学生的语言感知速度和敏锐程度会极大地提高。二是品味语言，理解字词的深情意味，懂得赏析。韩愈在《答尉迟生书》中说："辞不足，不可以为成文。"一个人所掌握的词汇量与他的写作能力是成正比关系的。所以，学生要经常留心自己的语言，经常研究别人的口头语和书面语，这是增强语感的又一途径。三是善于运用语言。生活和实践是语言发展和创新的源泉，丰富多彩的生活为语言实践提供了无限空间。生活中的语言是最丰富、最鲜活的，而且生活中的语言最能及时敏捷地反映时代变化，一个优秀的作家之所以能写出经典作品，就在于他有丰富的生活体验和语言技巧。尤其是在当今全球化的进程中，民族语言的国际化趋势越来越明显，所以高校语文写作教学中教师应注重引导学生进行语言知识积累。

四、加强交流与沟通

（一）情境创设策略

交流与沟通能力是写作能力中的重要组成部分，通过加强对学生交流与沟通能力的培养，可以进一步提升学生的写作能力。在实际写作教学中，教师可以采取情境创设策略，为学生营造教学情境，促使学生融入情境中，基于交际语境来进行写作实践。大学生已经具备了一定的写作知识和经验，还需要在此基础上加强对他们的抽象概括能力的培养，使学生对文章主题有准确的把握。出现写作实践中写偏题现象的主要原因是，学生没有将写作主题与生活情境结合起来，由于对文章语境掌握不足，导致文章质量低下。因此，教师应注重创设教学情境，为学生提供交流沟通的平台，这样不仅有利于学生掌握文章内涵，还能提高学生的交流沟通能力，为学生写作实践的顺利进行奠定基础。

（二）目标导向策略

目标导向策略是指基于交际语境进行写作时要有明确目的。交际通常指为了达到一定的写作目的而展开的行为。目前，在高校语文写作教学中，教师加大了对学生交流与沟通能力的培养力度，并在提高学生这方面能力的基础上，促使他们的写作实践活动顺利进行。沟通与交流能力在一定程度上反映出学生的思维能力和交际能力，对最终的写作效果有直接影响。因此，有必要通过实施教学策略，促进学生多方面能力的综合发展。目标导向策略在高校语文写作教学中的运用，能有效实现上述教学目标。例如，教师可以通过明确写作目的，促使学生认识到写作教学有利于日常交际，进而使学生树立交际意识，能利用自身的交流与沟通能力来达到写作目的，发挥文章传递信息的作用。设定写作教学方向时，教师应保证教学实践围绕社会交际展开，以便符合学生提高交际能力的发展需求。这是目标导向策略法在提高教学质量上积极作用的体现，能使学生在具备较高交流与沟通能力的基础上，提高其整体写作水平。

第六章 高校语文口语交际教学

第一节 高校语文口语交际的特点和能力结构

一、口语交际的特点

口语交际靠声音传达，直接交际，现想现说，入耳入心。靠声音传达是口语交际的重要特点。声音传达信息具有便利性和丰富性。便利性是指发声成语，诉诸听觉，比文字传达信息要方便、快捷。接收信息也不需要依靠更多的外部条件，口语交际，一口一耳即可开展交流。丰富性是指发音的轻重、语速的快慢、语调的升降、停顿的长短等构成变化多样的语气，可以增强表达效果。

直接交际是指交际双方（也可以是多方）都在场的即时性交流。这一特点决定了口语交际的现实针对性和及时调节性。现实针对性是指说话者既要顾及社会文化背景，又要适应具体的交际场合，特别是要切合眼前交际对象的特点，说话力求得体。及时调节性是指在交际过程中，听话者会通过神态、动作、言语对所接收的信息做出种种反馈，说话者根据反馈的信息及时反应、随机应变。直接交际还可以用表情、手势、姿态等形体语言对传达的信息进行补充和强化。

口语交际一般没有书面文稿，大都是在很短的时间内形成说话的思路，并且是现想现说、边想边说。这要求说话者的思维必须十分活跃，一要迅速调动积累的信息，大致确定说的内容和形式；二要及时把握听话者的反馈，对自己发出的信息做出评价并制定出下一步表达的具体策略。口语交际在思维上表现为对言语内容的直觉和综合的把握。

声音转瞬即逝，口语交际又是一个步步推进的过程。听话者需要集中精力，入耳入心，把接收的信息及时纳入自己的认知图式，同时做出积极的反应。

二、听话能力的构成要素

听话和说话是口语交际的两种主要形式，身体动作是口语交际的辅助因素。口语交际能力不仅包括听话能力和说话能力，还包括语境适应能力、口语交际态度等。

"听话能力"与"听觉能力（听力）"不是同一个概念。听觉能力是指人的听觉感受器的生理功能，是大脑颞叶的听觉区接受听觉感受器传入声音引起的神经活动。听话能力则是指人对言语信息的认知能力，它是人类特有的智力活动。听力是听话的生理基础。

听话是一种复杂的心理过程。心理学研究表明，听话的一般过程是：接收语音—理解语意—存储语意—做出反应。听话能力是由既相对独立又相互联系的若干因素构成的一个能力系统，其构成要素主要包括注意力、辨音力、理解力、记忆力和品评力等。

1. 注意力

听话除了通过听觉器官接收语音信息之外，还要通过心智活动分析、理解、判断所接收到的语音信息，并对这些信息做出反馈。但是，由于口头言语具有稍纵即逝的特点，听话者无法控制声波传递的速度和时间，因此听话时必须聚精会神，自觉地保持高度的注意力。唯有集中注意力专注地倾听，才能听得清楚，抓得住要点，进而理解话语含义，做出正确评价。另外，心理学研究表明，人们对事物的感知停止后所产生的印象要持续0.25～2秒的时间才会消失；如果集中注意力感知事物，那么，持续的时间就会转入5～10秒的短时记忆。由此可见，集中注意力是构成听话能力的重要前提和第一要素。

2. 辨音力

口头言语是语音、语义、语法的统一体。语音是语言的物质外壳，言语的交际功能基本上也是由语音来体现的。事实上，人在听话的时候，首先是从听到语音开始的。人唯有听准了对方的语音，才能领会、理解对方讲话的意思。每一种语言里的语音都有其特定的结构法则和组合顺序，不同的语言还有不同的语音音波——音高、音强、音长等，其千变万化，代表着不同的语义、感情色彩和言语风格。听话者在听话时要具备对语音序列、语音音波等的辨识能力，学会在极短的时间内把声音听清楚、听准确，并能辨别出语气的长短粗细、轻重缓急、强弱快慢、抑扬顿挫，还要能够从上下句的关系中迅速而准确地判断出近音、同音词的含义等。否则就很难听懂话语。

3. 理解力

准确迅速地理解对方话语的内涵、获得有用的信息是听话的根本目的。如果不能理解他人说话的内容，听话也就失去了意义。在听话过程中，理解是关键。听话的理解力主要体现在两个方面：一是对话语字面意思的理解能力，二是对"话外之音""言外之意"的理解能力。这要求听话者在听话时不但要用耳，更要用脑，要边听边思考。所谓听懂，就是能通过对接收到的各种语音信息的分析、判断，准确地把握话语的内在含义，做到分清主次，抓住中心和要点，听出"潜台词"，体会出话语中蕴含的思想感情。这是听话能力最根本的要求。因此，理解力不仅构成了听话能力的核心要素，而且是衡量听话能力强弱的重要尺度，是训练听话能力的基本内容。

4. 记忆力

记忆是人脑对输入的信息进行编码、储存和提取的过程。外界信息输入大脑的渠道有很多条，其中最重要的是眼睛和耳朵。听话不仅要听清、听懂别人的话，还要记住。记忆力能反映出听话的质量，是听话能力的重要方面。

5.品评力

品评力是指听话者在全面理解话语内容的基础上，对所听到的话语产生情感上的反应，并根据一定的标准做出理智上评判的能力。它是听话能力系统中较高层次的能力因素。这是因为，任何人在讲话时都有一定的目的，话语中也总寄寓着思想感情，而仅仅听懂对方话语的表层意思，显然并非听话活动的终结。一个善于听话的人，必定会依据场合、情景以及说话者的语气、语调和体态，在理解语音的基础上品评出对方言谈中的感情色彩、价值观念，并通过进一步分析判断、区分正误、鉴别美丑、品评优劣，来决定自己对话语信息的取舍。

此外，由于说话者发音器官的生理差异、发音方法的不同，以及个人文化素养和表达能力的差异，说话的风格和特点也不同。这都需要听话者具有较强的听话品评能力。否则，难以真正理解说话者话语中所寄寓的思想感情。

三、说话能力的构成要素

"说话"是指为了实现既定的目标，迅速组织语言进行有效表达的过程。说话能力是一种综合能力，它包括说话本身的技能技巧，也反映了说话者的心智水平。一个人的知识储备是说话的基础，思维直接支配着说话的风格。与听话能力一样，它也是由许多因素构成的一个能力系统，其构成要素主要有：组织内部言语的能力、快速的言语编码能力和运用语音表情达意的能力等。

（一）组织内部言语的能力

口语交际要先想后说，或者边想边说。"想"就是组织内部言语。内部言语产生于大脑神经中枢，头脑中储存的所有信息资料，经过大脑神经中枢的筛选、分析、综合、推论、联想，生成了想要说的话，即内部言语。内部言语是散点式和意向性的。组织内部言语一要思维敏捷，二要思维宽广、周密。敏捷是指组织内部言语要快。在交谈中，边听边想，对方在说，听话者且听且想，聆听之中就想好了如何对答。思维宽广、周密是指组织内部言语要条理清晰，不遗漏重要的观点和事实，不出现逻辑混乱。内部言语组织得越好，口语交际就越流畅、越精彩。

（二）快速的言语编码能力

人们说话时要将内部言语转换为外部言语，就是迅速地将自己的"意思"扩展开，并按一定的语言规则进行言语编码，使之形成词汇系列，串联成句子，内部言语就转换成了外部言语。这种把"意思"转换成句子的言语编码是极为快速的。言语编码有两个必要条件：一是说话者要有较为丰富的词汇储备可供选择和比较，编码中不致因词不逮意而卡壳。二是要谙熟语法规则，熟悉本民族共用的语法规范，说出来的话符合言语习惯，好懂好记。这种谙熟不是建立在语法知识上，而是在言语实践中形成的良好语感。具备了这两个条件，说话才可能如泉涌。

（三）运用语音表情达意的能力

有声言语是以声波形式将语音传递到听话者的耳鼓来进行交流的。在这个过程中，意思是通过语音传达的，意思与语音融为一体，所以语音极为重要。说话者必须能够控制语音，做到发音准确清晰，善于运用语调、语速等发音技巧，通过语音的抑扬顿挫使语音能恰切地表达和强化自己的意思。运用语音表情达意的能力包括：坚持说普通话，准确掌握普通话的语音发音标准；吐字发音准确、真切，做到语音明晰；懂得一些气息与共鸣的知识，并能够运用；掌握重音、停顿、语调、语速、语流的调控技巧。

另外，形体语言在说话过程中也起到很大的辅助和强化作用，是口语交际中不可缺少的一个重要因素，它能够很好地弥补语言在传递信息中"言不尽意"的缺陷，帮助说话者跨越语言障碍，准确地传递信息。美国人类学家博厄斯指出，人的体态运动实际上是一些能够加以揭示的密码，诸如表情、眼神、手势、位置、距离等都能惟妙惟肖地传情达意。形体语言是通过表情、手势以及身体其他部分的动作来表达思想感情的一种无声语言。形体语言包括胸部语言、手部语言、头部语言、腿部语言、服饰语言等，其中头部的面部表情是最为丰富的无声语言，腿部语言是下意识的最为真实的语言，手的动作运用最多，服饰最引人注目，传达的信息也比较直观感性。形体语言丰富而又微妙，要练习运用自己的形体语言，向他人传达优雅、善意、自信的形体信息，如挺直的脊梁、充满魅力的微笑、炯炯有神的目光，既是个人自信、能力、修养的体现，又在社会交际中发挥着重要的作用。

第二节　高校语文口语交际教学的目标

一、口语交际的社会性

社会生活离不开语言，人们在以言行事。说话就是做事，做事既要遵循事物的规律，还要符合做事人的心理。以言指事，以言施事，以言成事，用说话来做事或传递交际意图，用说话影响对方。听话也不能止于听清楚，还要准确把握说话人的信息意图和交际意图。学生不仅要具备语音、词汇、语法的基本知识，具备听、说、读、写的基本技能，还要具备一定的语用能力、推导能力和判断能力。

在语言的使用中，说话人往往并不是单纯地要表达语言成分和符号单位的静态意义，听话人通常要通过一系列心理活动去推断、去理解说话人的实际意图。要做到真正理解和恰当使用一门语言，仅仅懂得构成这门语言的发音、词汇和语法是远远不够的。

人们的正常语言交流总离不开特定的语境，语境"就是被认为是交际双方互相明白的内容和各自了解的情况，对于理解说话人的话语意义有很大的作用"①。这里的语境包括交际的场合（时间、地点等）、交际的性质（话题）、交际的参与者（相互间的关系、对客观世界的认识和信念、过去的经验、

---

① 于秋月：《精心指导课外阅读 提高学生语文素养》，《科普童话》2020 年第 19 期。

当时的情绪等）以及上下文。语境不光指上下文或话语发生的环境，还包括文化和科学知识、常识，或者说是交际双方的精神、社交和物质三个方面。这些差异影响到交际的思维模式和对语义的理解，因而可能造成交际中的误解。语境直接影响着人们对话语的理解和使用。

例如，中国人的思维是整体性的、演绎性的，而西方人的思维则是分析性、归纳性的，这些差异在跨文化交际中会产生不同的话语策略和交际风格。外国人听中国人说"望子成龙"时经常感到疑惑不解，因为西方人认为"龙（dragon）"是非常可怕的，而中国人则认为龙是神圣的，是权力的象征。中国人对于别人的赞美表示谦虚是出于礼貌原则，而外国人对于别人的赞美表示接受和感谢也同样是出于礼貌原则。来自不同文化背景的话语双方通常会按自己的文化观来评判对方的行为，那么话语双方就极有可能在跨文化交际中遭遇语用失误。例如，中国人用"老"称呼他人来表示一种尊敬和友好，"老张"可能只有三十或四十岁，而"张老"则可能是一个七八十岁受人尊敬的长者。而在西方文化中，女士年龄是个人隐私，称呼中有"老"会被人理解成岁数大。

实际上，人们进行言语交际的整个活动都是在语境的制约下进行的。只有通过语境才能正确理解说话人和听话人的"言外行为"，即他们的真实意图。语境既指言语交际时言语活动所存在的场合，即周围的自然和社会环境等，又指言语活动得以发生的前提和条件。前者称为外显性语境，后者称为内隐性语境。外显性语境对言语活动的作用比较明显、直接。内隐性语境则比较隐蔽、间接，它多指言语交际的时代、历史、社会背景、交际双方的社会身份、相互关系、地位、文化素养、交际者未用话语交代的具体的交际目的，这些因素多半隐含在交际双方的心里，要靠对话语的分析来找到隐含在话语背后的东西。高校语文教学的重心应是发展学生的情境理解能力、语言表达能力和文化认知能力等，能够运用所学语言在不同的场合，对不同的对象根据语境来实施有效的、得体的言语行为。

二、口语交际教学的目标

（一）口语交际教学的态度目标

口语交际应当具备的正确态度是谦虚、积极、求实、负责和自信。谦虚就是要尊重他人，文明交往，虚心学习，建立良好的人际关系。积极就是要善于使用大脑。听话时不能把大脑只当成一个接收器、储存器，还应当成一个检测器和共振器，对接收的言语信息及时地做出反应。要善于配合对方，形成和谐的交际氛围。说话也不能"自言自语"，而应察言观色，注意说话人反馈的信息，并根据反馈的信息调整说话的内容和形式，以达到沟通的目的。求实和负责，就是说话要实事求是，言之有理，言之有据，不说假、大、空话。自信，外在的要求是仪态大方，积极参与，敏捷应对；内在的要求是敢于说出自己的真情实感，展现自己的个性风采。口语交际良好的习惯包括礼貌待人，注意力集中，不左顾右盼等。听话要有耐心，不随意插话，要及时反馈信息，以期对方再给予说明。说话要热情大方，表达清楚完整，能适当地运用形体语言来配合说话。高校语文口语交际教学中，教师应注重培养学生在口语交际中具备以上行为和态度，实现教学目标。

（二）口语交际教学的心态目标

口语交际的心态是指在口语交际活动中所表现出来的态度、习惯等个性特征。大学生在口语交际时要端正心态，积极、自信、真实。高校语文口语交际教学应注重培养学生具备以下能力：积极参加社会活动，重视在各种交际实践中学会口语交际，自觉增强人际交往能力，以适应现代社会交际的需要；在口语交际中能考虑人们不同的目的和要求，以负责的态度陈述自己的看法，培养科学理性精神；在讨论或辩论中积极主动地发言，恰当地应对和辩驳；积极参与生活，体验人生，表达真情实感，在生活和工作中能发出自己的真实而有价值的声音。

（三）口语交际教学的能力目标

高校语文口语交际教学的能力目标是培养学生具备听话能力和说话能力。听话能力主要是指在听话活动中表现出来的注意力、辨音力、理解力、记忆力和品评力等素养。具体教学目标是：能聚精会神，专注倾听，领会对方的意图；准确辨识对方声波的变化，敏锐地辨识语气语调，细致地感知对方传达的意思；理解说话人的字面含义，还要把握言外之意；快速记忆，整体理解说话人的意图；留意说话人发音的不同及说话风格上的差异，鉴别听话内容的正误优劣。总之，要善于倾听，敏捷应对，恰当地进行表达。

说话能力是由多方面因素构成的，有生理和心理的因素、知识和智力的因素，也有表达技巧的因素等。具体教学目标是：能根据不同的交际场合、语境和人际关系，借助语调、语气、表情和手势提高口语交际的效果；能运用充分的材料表达自己的观点，说话不仅要说清楚，还要尽力感染对方、说服对方。

第三节　高校语文口语交际能力的培养方法

一、口语交际能力的培养原则

个人的口语交际能力受多种因素的制约，如知识、阅历、性格、心态、思维等，因此，要培养学生的口语交际能力，必须从根本上提高各种相关因素的水平，如丰富知识，开阔视野，积极参加有益的社会活动，养成开朗明快的性格，具有开放和自信的心态，锻炼敏捷的思维等。这涉及许多方面的问题，也就是说，要从广泛的角度来制定口语交际能力培养策略。

（一）在具体的交际语境中培养的原则

口语交际是听与说双方互动的过程。具体的语境包括交际的对象、交际的任务和交际的过程三个要素。口语交际教学活动要在具体的交际情境中进行。教师不能指望通过传授口语交际知识来培养学生的口语交际能力。任何能力都是在亲身实践的过程中获得的。这项原则要求教师要努力选择贴近生活的话题，采用灵活的形式组织教学，鼓励学生在各科学习活动以及日常生活中锻炼口语交际能力。

（二）以具体材料激活学生内心感受的原则

言语是思维的表达，思维必须在内心感受的基础上才能驱动。如果缺少内心的真实感受，思维将是僵化的，言语也是苍白无力的。也就是说，缺乏真实性的口语交际，不但不能真正促进学生发展，还十分有害。这项原则要求教师了解学生的思想状态和内心需要，从广阔的范围内选择对他们来说有趣又有益的材料，精心设计交际的语境，开展丰富多彩的交际活动，吸引学生参与其中，主动言说。

（三）与阅读教学相结合的原则

口语交际教学与阅读教学的结合包括以下两个方面的内容：

一是在阅读教学的形式上，那些脍炙人口的作品容易让学生产生情感共鸣，产生言说的欲望和兴趣。教师应引导学生把自己阅读的感悟和理解表达出来。对阅读的感悟、理解主要是借助内部言语进行的，将读的结果说出来的过程，就是把内部言语转化为口头言语的过程。教师可以选择将语文教材上的作品设计成切合学生的生活实际、具有实践性的交际活动，来进行说的训练。教师可以通过让学生范读文学作品等形式来训练学生听话的能力。朗诵文学作品，准确把握作品内容，传达出作品的思想内涵和感情倾向，具有一定的吸引力和感染力，也是培养说话能力的良好方式。

二是在阅读教学的内容上，注重分析言语的语境，培养学生对语言运用语境的敏锐感知能力，因为任何口语交际都是在一定的具体语境中完成的。语境可分为背景语境、情景语境和上下文语境。背景语境由口语交际的社会、历史、文化背景和交际双方个人经历、文化背景所构成，是内隐性语境。情景语境由进行口语交际活动的时空状况和具体的情景事件以及交际双方现实心理状态及彼此间的关系所构成，属于外显性语境。在指导学生训练听力时，教师应结合对课文言语的理解，及时地指导学生认清情景语境，正确地理解课文。上下文语境就是具体的语境，即狭义的语境。教师应要求学生认真听好全文，把握文章的总体大意，接着在分析和理解某个句子或段落乃至全文时，提醒他们不要孤立地去看某句或某段，也不要只看它们的语法性质和语义内容，而应该联系上下文，也就是要联系某句或某段的前言后语，去理解它们的"言外之意"。教师应指导学生根据语境去理解话语所隐含的言外之意，即言语行为理论中的言外行为，以正确地理解说话人的真正目的和意图，从而进一步提高学生的听力水平。

（四）密切联系现实生活的原则

在现实生活中，每天都发生着大量的新鲜事，这些事因为离我们很近，与我们的生活密切相关，因而最能打动人心，引起思考。如果教师有选择地加以引进和编制，会成为非常有意义的口语交际话题和材料。选择的要求是：学生能够理解的事情，有争议的事情，有内在教育价值的事情，与学生相关的事情。教师应当充分发挥网络和多媒体的功能，一是从网络上搜索采集所需要的材料，设计话语情境，向学生示范说话的方法等；二是巧妙地运用多媒体，如录音、录像等手段的运用，可以提高学生参与的热情，让他们直观认识到、反思自己的口语交际水平，对于纠正发音的错误、姿势的不当是切实有效的。

二、口语交际能力的培养方法

培养学生口语交际能力的方法有很多，有语文课堂上形式比较单一的方法，也有实践活动中综合性的方法。对于大学生来说，培养其口语交际能力应当更重视运用综合性的实践活动，如演讲、辩论、演出等校园社团活动以及社会实践活动，这些活动成效切实、显著，对学生的锻炼是多方面的。

（一）听话能力的培养方法

由于听、说、读、写四种能力是相互交织、相互促进的，因此，要培养其中任何一种能力都需要与其他三种能力的训练相配合。听话能力训练尤其如此。因为听话能力的高低无法单独进行评估，必须以说、读、写活动为检查手段。由此，在高校语文教学中进行听话能力训练，其训练方法也是多种多样的。实践中常用的听话训练方法有：听问回答、听后复述、听写听记、听读听播和听辨听评。

1. 听问回答

听问回答是指针对听到的发问，准确地做出理解、判断，并予以回答的一种听话技能训练。听问回答是一种边听边思考的紧张思维活动，是训练学生听话的有意注意力、分析力和推断力的常用方法。训练的具体方法是：首先教师提出问题，并给学生留出思考时间，学生根据教师的发问认真思考，做好回答准备；然后学生回答问题，其他学生认真听答；最后教师或学生评答。听问回答训练一般应结合课堂教学内容进行，训练的侧重点在于"听"而不在于"答"，主要目的是锻炼学生的听话技能。教师备课时应精心设计提问，以吸引学生的注意力，激发学生思辨，促进其形成听话能力。

2. 听后复述

听后复述是指把听到的信息用自己的话语或文字复述出来的一种听话技能训练。这种训练包括收听、记忆、理解、转述几个环节，是使刚接收到的言语信息引起的暂时神经联系得到强化、加深记忆、防止遗忘的有效措施，是运用耳口结合的方法训练学生听说能力的重要手段，对培养学生的记忆力、理解力，促进表达能力的提高具有重要作用。听后复述一般包括听后概述、听后详述和听后创造性复述三种方式。其中听后创造性复述是在听知觉训练材料的基础上，从有限的材料出发，展开想象和联想，创造性地复述出来的一种听话技能训练方法。训练的要求是：复述者能从原听知觉训练材料出发，借助联想和想象，并用自己的生活经验和知识来补充、丰富复述材料。

3. 听写听记

听写听记是指运用文字把听读听说得到的有声语言材料准确迅速记写

下来的一种听话技能训练。这种训练是把口头言语迅速转化为书面语言的过程，需要耳、脑、眼、手的密切配合，多种感官协同配合才能完成。因此，这种训练不仅可以使学生加强对听写听记内容的识记，培养学生稳定的注意力、敏捷的反应力，强化记忆力，还可以促进言语理解能力、组织能力和表达能力的发展，同时，也有利于锻炼学生的动手能力。听写听记训练可分为听写与听记两种形式。听写训练一般用于课堂教学，重在训练学生的听辨力、记忆力和快速组织言语的能力。听记训练除课堂听讲外，还常用于开会听讨论、会议听报告、调查与采访等，重在训练学生速记要点的能力。听写听记训练不应局限于课堂，应注意向课外延伸，使课内课外相结合，让学生在实践中提高听话能力。

4. 听读听播

听读听播是指以静心聆听他人诵读文字材料或收听广播为内容的一种听话技能训练。这种训练要通过聆听他人读文或广播来理解内容、记住要点、品评优劣，有利于培养学生在一定时间内自觉地把注意、思考指向听知内容的能力，有利于学生克服粗心大意、不用心听话的习惯。这种训练由于既要用心捕捉语音声波，辨别声调变化，又要对听到的内容进行分析判断，因而有利于培养学生边听边思考的能力。这种训练易于使学生进入角色，产生情感共鸣，受到感染和教育。此外，这种训练对学生接受语感的熏陶和提高普通话水平也大有裨益。听读听播训练一般不单独进行，常与听辨、听述、听议、听评等结合进行。

5.听辨听评

听辨听评是指对听到的材料进行辨别、判断、鉴赏、评价的一种听话技能训练。这种训练由于要一边聆听话语的内容，一边思考，并对发音、句读、内容、语调、表情等做出辨误、判断和评价，所以，这种训练可以锻炼学生思维的敏捷性、广阔性、深刻性、创造性和批判性，提高学生听话的注意力、辨别力、判断力和品评力。训练的具体做法是：首先教师要有计划地组织好听辨听评的话语材料；然后由教师（或学生）朗读、讲述或播放录音，师生边听边想；听后再由教师组织学生开展或辨误、或赏析、或评价的活动；最后教师应进行辩证和评析总结。总之，这种训练是在准确听记的基础上进行的，旨在训练学生的听辨听评能力，所以，这是一种难度较大的听话能力训练。

听话能力的训练方法还有很多。教师要根据培养目标和学生的实际情况，灵活地运用并努力探索最有效的听话能力训练方法。

（二）说话能力的训练方法

说话能力训练的方法有：朗读和朗诵、复述课文、谈话和讨论、口头作文等。

1.朗读和朗诵

朗读和朗诵对说话能力的形成起着基础训练的作用。虽然朗读和朗诵依据的是现成的书面材料，但它依然是把某种信息转化成有声的言语。钻研书面材料，理解与感受，并转化成自己的思想感情，在这个过程中，学生能够体会到如何组织内部言语，如何进行语言编码，以及最终实现向有声言语的转换。特别是朗诵，对学生吐字发声、形体姿势等说话技能技巧的形成有重要的促进作用。

2. 复述课文

复述课文是在理解吸收的基础上进行的。由于复述的内容是现成的，学生可以着力于内部言语的组织和向有声言语转换。转换中，可凭借原文来实现词语编码。因此，复述对丰富学生的语言，使学生体会内部言语组织的奥妙之处，从而提高学生的口语表达能力，是富有成效的。

3. 谈话和讨论

谈话和讨论既是东西方都很推崇的一种古老的教学方式，也是当今培养学生说话能力、促进学生发展的良好途径。因为谈话和讨论是在互相切磋中进行的，要听清别人的观点，及时发表自己的看法，所以，对于培养学生思维的敏锐性和思考的独立性很有价值。在谈话和讨论中，教师要指导学生弄清别人的意图，抓住主要观点，归纳不同意见，并找出分歧所在。表达时要针对对方的观点来考虑自己的发言，思考发言的要点，据此生发开去，迅速组织说话的材料，进行内部的词语编码和外部言语的转换。

4. 口头作文

口头作文训练难度大、综合性强。教师提出作文的"话题"后，要给学生一点构思的时间，然后让学生当众述说。口头作文能够对学生的说话能力进行全方位的锻炼，是一种切实有效的训练形式。

口语交际能力的培养自然应该融入日常的语文课堂教学中，但是，口语交际是双方的互动，听说结合更贴合现实生活中的交际情形。所以，一个优秀的高校语文教师应热情鼓励、积极倡导学生参加综合性的实践活动，并且积极策划、主动组织、亲自指导。在这方面，教师应充分发挥社团的作用，经常开展做报告、演讲、辩论、演出及采访、调查等社会实践活动。在社会实践中，引导学生以口语交际的形式完成一项现实任务，解决一个具体问题，学以致用，增强自信，这是口语交际教学的最高境界和最终目的。

第七章　高校语文教学模式创新

第一节　有效教学模式

一、有效教学与有效教学模式的概念解读

（一）有效教学的概念

有效教学理念最开始出现在西方，起源于 20 世纪上半叶西方的教学科学化运动。在之后的一段时间里，该理念不断完善与发展，全世界的教育工作者都对其投来了关注的目光。但 20 世纪以来，科学发展影响不断深入，心理学、行为科学快速发展，人们充分认识到教学属于科学的一种，即教学不仅要以一定的科学为基础，还要采用科学的方法进行研究。基于此，人们越来越重视将哲学、心理学、社会学等学科理论有机地结合起来，积极采用观察、实验等科学的方法对各种教育问题进行研究。有效教学理论就在这样的背景下应运而生。

随着有效教学理论的提出，试图解释有效教学含义、本质的研究者日

益增多。通过查阅相关资料可知，所谓有效，是指能够实现预期的目标，或者是有效果。在本书中，笔者将有效教学解释为教师通过组织有计划、有步骤、有创新性的教学活动，使学生获得阶段性的显著进步与发展，以及教师的教学效率等于或高于平均水准的教学，其前提条件是与时代和个体积极价值建构相符。

（二）有效教学模式的概念

所谓有效教学模式，是指有助于顺利完成预期教学目标的一系列教学内容和教学方法。在有效教学模式下，学生可以成功达到预定的教学目标，所以会受到其自身学习成果的激励，从而激发其学习兴趣和欲望。这种教学模式能够促使学生自主获取知识，有效锻炼学生的思维能力，培养学生终身学习的态度。

教学是一个极具创造性的过程，是一项需要多方面综合素质及协调能力的工作，因此，对教师的能力提出了较高要求，即需要教师广泛且深刻地理解所教学科。有效教学模式得以构建的前提就是教师要具备良好的教学技能，主要包括良好的思维能力、选择合理的教学内容与运用教学策略的能力、处理和解决问题的能力以及与学生进行互动交流的能力。只有能够熟练掌握与运用上述几项教学技能，教师才能全面了解学生的知识深度，更好地激发学生积极思考，使学生获取更多实用的知识。

二、有效教学模式的特征

有效教学模式是提高教学质量的重要抓手和主渠道，该模式主要具有以下三个特征：

（一）全面性特征

全面性特征主要表现在三个方面：一是教育对象的全面性。在高校语文教学中，教师要树立因材施教的教育观，平等对待每一个学生，在充分了解学生的基础上，为学生的学习量体裁衣，努力发展每一个学生的闪光点与优势，为全体学生的发展创造良好条件。二是教学目标的全面性。高校语文教学目标的设置要满足两个要求：一个是与学生自身发展需要相符，另一个是与社会对人的素质要求相符。三是人才观的全面性。在高校语文课堂教学中，教师要认识到每个学生都有成功的潜能，每个学生都各有所长，他们可以在不同的方面取得成功。

（二）创造性特征

近些年来，国际竞争愈演愈烈，各国经济、科技、军事、教育的竞争归根结底都是创造性人才的竞争。因此，有效教学模式也应该顺应时代发展，注重激发与调动学生的创造性潜能。高校语文教师要用创造性的教学，提高学生的创造力。高校语文教师在培养学生的创造力时，要培养学生主动学习的习惯，倡导学生相互协作，发挥集体创造力，也可以对学生进行专门的创造性思维训练。

（三）高效性特征

有效教学模式的高效性主要体现在以下几个方面：

1. 学生的主体性

有效教学模式强调培养学生的创新精神与实践能力，因此，学生在高校语文教学中的主体性至关重要。首先，确立学生的主体地位。高校语文教师要将学生置于课堂的重要位置，利用有趣的教学内容吸引学生主动参与学习，使他们积极思考、亲自实践。其次，培养学生的主体意识。该意识主要包括两方面内容，即自主意识和自强意识。高校语文教师要注重对学生这两方面意识的培养。再则，培养学生的主体能力。主体能力主要包括四种能力，即思维能力、适应社会的能力、自我调控能力和创造能力。最后，塑造学生的主体人格，即独立人格。其实就是要引导学生承认、相信、尊重自己在语文教学活动中的主体身份与主体地位。

2. 师生交流的交互性

从社会学视角来看，课堂教学过程本质上是一种人际交往过程。在人际交往过程中，学生的智力和创造力得以不断提高，社会观念逐渐形成，人格得到完善。人际交往活动形式多样，主要包括师生交往、生生交往、个体交往、小组及班级群体交往等。这些多样化的交流方式能增进师生、生生之间的横向交流，凸显学生的主体地位，能够让学生在交流中学会取长补短。

3.教师、学生、教材、方法的和谐性

通常来说，教学过程共包含四个基本要素，分别是教师、学生、教材及方法。这四个基本要素通过相互组合可以形成六种不同的关系，即教师与学生的关系、学生与教材的关系、教材与方法的关系、教师与教材的关系、教师与方法的关系、学生与方法的关系。唯有这六种关系均处于和谐状态，才能达到教学效益的最大化，实现有效教学模式的高效性。

4.教学手段的先进性和多样性

教学手段是指教师与学生在教学中相互传递信息的工具、媒体或设备。教学工具和媒体是教学环境的重要组成部分，是教学内容的重要载体。随着科技的发展，教学媒体也得以更新升级，由以往的电视、录音、录像等转变为现如今的计算机等，使教学内容的容量日益提升、呈现方式逐渐多样，对于教学效率的提升具有十分深刻的影响。为保证高校语文教学的有效性，高校语文教师需要采用先进、多样的教学手段，充分发挥教学媒体的优势。

三、高校语文有效教学模式的实施条件

（一）做好充分的教学准备

高校语文的有效教学需要教师充分做好教学准备。一般来说，教师、学生、教材是教学的三大要素，充分的教学准备需要以这三大要素为中心进行。

1. 钻研教材，分析文本

教师只有认真钻研教材、全面掌握课文的知识点，才能从整体出发，筹划一学期的教学内容，准确找到课文中学生必须掌握的内容，有效把握课文要传达的核心思想，从而帮助学生更好地理解教材。因此，充分的教学准备离不开教师对教材的认真钻研。

在钻研教材的过程中，一方面，教师要明确高校语文教材中蕴含的基础知识、文章传达的人生哲理以及编者的意图等。高校语文教材往往以时代背景、体裁、主题等为标准划分课文单元，不同单元文章的创作背景、体裁和主题等都有所不同，便于学生系统学习语文知识。另一方面，教师应该弄清楚教材的重难点，根据教材的特点选用有针对性的教学方法。

另外，通过对教材内容的钻研，教师要弄清楚一系列问题，如教材中哪些内容便于学生学习，哪些内容理解和掌握起来难度较高，哪些内容有助于拓展学生的思维。教师只有认真钻研教材，加强对教材的了解，才能根据教材特点和内容选择合理的教学手段和教学方法，促进高校语文教学的有效实施。

2. 掌握学生的情况，合理选择教学内容

要想构建有效教学模式，教师必须了解自己的学生，由此才能结合教材内容设置合理的教学内容，选择切合实际的教学方法。首先，在讲授新知识时，教师需要全面了解学生当下的认知水平与思想情感准备。其次，教师要了解学生对于新知识的掌握情况，如学生是否进行课前预习、学生对新知识的学习态度与兴趣、学生的学习习惯及方法。最后，教师要及时跟踪学生的动态变化，如学生近期学到的有效学习方法、学生的学习积极性、学生的学习态度等。

无论是上课时间还是下课时间，教师都要留心观察每一个学生，根据学生的言行举止了解每一个学生的性格特点。同时，教师还要通过与学生谈话的方式，对学生近期情况进行了解。针对不同学生，教师所采取的谈话方式要有所不同，如针对自我意识强的学生，采取点拨式谈话方式；针对情绪不稳定的学生，采取商讨式谈话方式；针对性格内向、自卑的学生，采取渐进式谈话方式；针对自我防范意识强的学生，采取突击式谈话方式等。总之，教师要根据学生的性格特点采取具有针对性的谈话方式，对症下药，通过谈话了解学生的情况。

3. 选择科学得当的教学方法

为了提升高校语文教学的有效性，教师在选择教学方法时要以学生的实际情况为出发点，保证教学方法的科学性、合理性。科学得当的教学方法，与学生的认知水平和情感准备相符，有助于学生更高效地完成教师布置的学习任务，更好地实现学习目标。教师要全面了解与掌握不同类型的教学方法，包括具体教授方式、特点等，并根据不同类型的教学方法的特点合理安排教学内容，熟练运用多种教学方法，实现多种教学方法的优势互补。

总之，采取科学得当的教学方法，不仅能大大缓解教师的教学负担，还能使学生在学习课程内容时相对轻松。这种轻松的学习氛围有助于提高学生学习的积极性和学习效果。

（二）探索张弛有度、收放自如的课堂管理模式

课堂管理是创设和谐教学环境、达到教学目标、提升教学针对性和有效性的方法之一。在课堂教学中，部分学生可能会做出一些对自身学习和课堂教学不利的违规行为，如果教师无法恰当处理这些违规行为，将会给维持课堂正常秩序带来一定阻碍，无法保证课堂教学的有效性。因此，教师要在课堂管理上下功夫，探索张弛有度、收放自如的课堂管理模式，积极创设民主、和谐的教学环境。

1.掌握教学过程中师生心理沟通的艺术

随着教育教学的发展，教育的心理化发展受重视程度日益增加。心理是人脑对客观事物的反应，对人的行为起着支配作用。心理化发展是指要从学生的心理层面入手，调动学生的积极性。在高校语文学习过程中，使学生产生心理障碍的因素主要包括智力因素和非智力因素两个方面，因此，高校语文教师要根据这两大因素来掌握与学生进行心理沟通的艺术，以达到改善高校语文课堂管理效果的目的。

（1）沟通智力心理的艺术

学生的智力心理是影响学生有效参与教学活动的重要因素，关乎学生

能否顺利完成学习任务。从智力因素来看，影响学生有效参与教学活动的障碍主要包括以下两个方面：

一方面是知识障碍。教师在传授新知识的过程中，会发现部分学生存在知识障碍。在这种情况下，教师可以通过简单的知识回顾，引导学生对旧知识进行思考，消除学生的知识障碍。

另一方面是方法障碍。在课堂教学管理中，教师应该转变灌输式教学思维，把学生作为教学的主体，帮助学生掌握科学有效的学习方法，以提升学生的学习效率。例如，教师可以通过问题引导法对学生循循善诱，再根据学生的回答情况为其做出下一步的启发，培养学生自主思考、自主探究的习惯。

（2）沟通非智力心理的艺术

在高校语文课堂教学中，也存在很多影响学生有效参与教学活动的非智力因素，这就需要教师从学生的实际情况出发，通过沟通消除障碍，激发学生的学习动力。

一方面，消除动力障碍。学习动力因素对于学生有效参与教学活动起着关键性作用，它主要表现为学生的学习积极性、学习兴趣等。因此，高校语文教师要掌握激发学生学习兴趣的方法，如大力宣传语文课程的学习意义与价值，采取游戏引导、情境引导等方法激发学生强烈的探索欲、求知欲，以此来强化学生的学习动力。

另一方面，消除行为习惯障碍。学生在学习过程中形成的行为习惯是影响学生有效参与教学活动的重要因素，如部分学生字迹潦草、写作文时不善于打草稿、学习中无法静下心来、不及时修改教师的批注等，这些不良习惯都会对他们的学习质量和效果造成负面影响。因此，教师有必要根据学生现存问题，采取科学的管理措施，为学生提供有针对性的纠正方案，培养学生良好的学习习惯。

2. 掌握教学过程中驾驭课堂的艺术

（1）具备科学分配课堂教学时间的能力

在高校语文课堂教学中，虽然每节课的教学时间都是固定不变的，但每节课的教学内容各不相同，且内容量也有所差异。这就要求教师掌握驾驭课堂的艺术，有效把控课堂教学时间，保证在有限的时间内完成对相关内容的讲解。

（2）具备组织教学内容的能力

作为一门语言类学科，语文课程涉及的内容纷繁复杂。要想让学生利用最短的时间有效掌握最重要、最核心的语文知识，需要高校语文教师掌握良好的组织教学内容的能力，坚持定向、定量原则，保证教学内容具有正确的方向性，阅读量、写作量、词汇量具有适当性，使学生由表及里、循序渐进地学习，最终完成学习目标。

（3）具备组织讨论的能力

课堂讨论是高校语文课堂教学中的重要环节，这一环节具有活跃课堂气氛的作用，能够显著提升学生的积极性和主动性。教师应从以下两个方面组织课堂讨论：

一方面，科学设计讨论问题，合理组织学生讨论。课堂讨论环节的主要目的在于辅助教学、完成教学目标，所以，课堂讨论问题的设计与教学内容密不可分。总的来说，课堂讨论的问题应当是课文的重点和难点问题，问题具有一定的深度，同时教师在设计讨论问题时，要针对学生的共性，保证每个学生在课堂上都能有事可做、参与其中。

另一方面，要注重发挥教师在课堂讨论环节的主导作用。教师要引导学生以问题为中心进行激烈的探讨，同时要指导学生抓住讨论重点。讨论时间不宜过长，要保证讨论的效率。

第二节 和谐课堂教学模式

和谐课堂是指坚持以"以人为本"教学理念的指导，使教育的各个组成要素相互影响、相得益彰、协调合作，形成和谐美好的教学生态，从而促进学生自我激励、自我完善、自我成长。

一、和谐课堂的具体内涵

"和谐课堂"就是以教室为载体，以体验与创造、共同进步、生态开展为特征，在教学活动中，力求使教学诸要素之间以及教学过程与教学环境之间处于一种协调和平衡的状态，充分进行良性互动和整体优化，实现学生和谐发展。和谐课堂具有感召力、凝聚力和创造力。

总的来说，和谐课堂的具体内涵主要包括以下五个方面：

（一）课堂氛围轻松

课堂是学生获取知识的主要场所，但如果仅将课堂看成是学习知识的场所，难免会令人感到课堂过于刻板。课堂是生活不可分割的一部分，而生活是多姿多彩、其乐无穷的，因此，课堂也应该是充满乐趣的。在充满乐趣的课堂中，氛围应该是宽松、愉悦、融洽的，师生应该是相互尊重、相互理解、相互包容的，彼此应该是心灵自由、无防卫且放松的，教学对话应该是民主、平等、协商的。

课堂学习应当是一件轻松的事情，这种轻松要求教师敢于放下"师道尊严"的架子，当学生的良师益友。而学习的紧张体现在两个方面，即学习节奏的有机控制和学习结果的高效率。这种紧张不应是指师生关系的紧张，师生在相处时应该始终处于一种放松的状态。学生的心情要保持愉悦，即便学习中存在一定的紧张与疲劳，这也是一种良好的情绪感觉，即学生通过学习获得满足感，从学习知识的紧张劳动中获得健康的疲劳感。

（二）学习乐趣无穷

学习知识是一件快乐且充满力量的事情，也是人类区别于动物的一个重要特征。高校中落后的教学观念、不科学的教学评价标准等，都会导致学习与其本然属性相背离，并被异化为一件"苦差事"。

学习本该乐趣无穷。为了使学生快乐学习，首先，教师要成为一个乐于、善于学习的人，以热情饱满的状态投入教学工作，以自身的学、教之乐来感染和带动学生。其次，教师要不断提升自身的教学能力，根据教学规律和学生的具体情况开展教学，使学生在学习过程中能够获得更多的乐趣。同时，教师还要注重让学生享受学习的快乐，不能将快乐停留于形式层面，还要进一步深入内在体验的层面，让这种快乐能够更持久。最后，教师要注重唤醒学生的主体精神，这是最关键的一步，尤其是要激活学生的认知乐趣，通过引导学生具备亲自参与掌握知识的情感，唤起学生特有的对知识的学习兴趣。

（三）让求知欲得到满足

求知欲和探索欲是人类生命的本能，是创造性滋生的本源。人类求知、探索的欲望并非一成不变，而是随着生命的生长而变化。但大部分人的这些本能并未得到充分的呵护、顺应和培育，更多是受到了压抑，这也是个体对知识和周围事物态度冷漠的主要原因之一。

和谐课堂呼唤课堂生命的回归，倡导让学生享受生命的快乐。因此，教师应竭尽所能激发学生求知、求学的欲望，促使学生在求知欲的驱使下投入知识的学习，进而获得自身的满足。

（四）自主是乐之根本

在生活和学习中，学生只有获得自主权，真正体验到自主，才能获得充分的自尊感、自信感以及自豪感，并满心欢喜。这是来自人本质力量的自我肯定，在缺乏这种自我肯定的体验作为深层内涵的情况下，所有形式上、表面化的快乐学习都不是深刻和恒久的，而是肤浅和短暂的。因此，要想让学生真切地感受到生命之乐，就必须使学生在学习和生活中获得自主权。

要想让学生体验自主，就需要把课堂还给学生。这里的"还"包括多个层面，主要有时间、空间、工具、提问权、评议权等。让学生享受自主之乐，强调的是一种理念，对此，不同的教师会有自己独到的解读与创新实践。笔者认为，要使学生充分获得自主权，就应该为学生提供完备的学习材料、充足的自主学习时间，以及足够的交流学习过程和结果的时间。

（五）合作让快乐共享

和谐课堂应该是团结协作、双向互动的，教师与学生、学生与学生之间应该开展密切合作与多维互动，整个过程要强调学生的主体性参与，彰显出教学的对话性、交往性特征，促进课程"活资源"的创生。这不仅有助于学生构建经验，还能提升学生解决问题的能力，表现出和谐课堂的特性。在合作学习过程中，学生之间在学习上互相帮助、你追我赶，在精神上相互支持、同甘共苦，分享彼此的收获与快乐，培养团结协作精神和共荣共存的态度。因此，合作学习对于学生来说具有重要的意义。

合作学习是相对于个体学习而言的，是一种教学组织形式，是指学生在小组中以完成同一任务为目标，分工明确，各司其职，团结一致，有条不紊，进行互助性学习。合作学习的基本要素主要包括：积极主动地互相支持与配合，尤其是面对面地促进性互动；自觉担负起在任务中的个人责任；学生之间相互信任、相互理解，进行有效沟通；学生个体在完成任务后进行小组加工；评估共同参加活动的成效，寻求提高任务完成效率的路径。

二、和谐课堂教学模式的应用原则

和谐社会需要和谐教育，和谐教育需要和谐课堂。和谐课堂教学模式的构建需要遵循的基本原则主要包括以下五点：

（一）以生为本原则

学校是培养人才的主阵地，课堂教学又是学校教育教学的基本形式，课堂教学和谐才会有校园的和谐，校园和谐才会有社会的和谐。由于"以人为本"的原则是构建社会主义和谐社会的一个重要指导原则，因此和谐课堂教学模式的构建也需要遵循"以人为本"的原则。学生是课堂教学不可撼动的主体，是学习的主人。因此，"以生为本"是"以人为本"在和谐课堂教学模式构建中的具体体现。

以生为本原则主要体现在两个方面：一方面，教师在钻研教材、精心备课的过程中，要保证教学内容与学生实际情况相符，且能够被学生有效理解与吸收；另一方面，所有课堂活动都要致力于学生的全面和谐发展，要始终将学生置于教学的首要位置，以学生为出发点、目的、动力，着眼学生潜能的挖掘、素质的培养和能力的提升。

（二）整体性原则

课堂教学是一个由若干个相互依存的教学要素组成的有机整体，包括教师、学生、教学内容、教学手段、教学方法等。如果这个整体中的各要素能够保持有序、合理、优化的结构，就能实现整体功能高于局部功能之和。反之，如果这个整体中的各要素保持无序、不合理、欠佳的结构，就会使整体功能低于局部功能之和。因此，在和谐课堂教学模式的构建中，教师要坚持整体性原则，使课堂教学中不同要素相互配合，发挥协同作用，始终保持协调、统一的状态，从而最大化地发挥课堂教学的整体功能。

整体性原则主要体现在两个方面：一是面向全体学生。教师要关注所有学生，确保不同类型的学生都可以享受良好的教育；为所有学生提供参与各项教学活动的机会，使他们都能在原有基础上得到一定的发展。二是促进学生个体素质的全面发展。每个学生都是具有自然属性和社会属性的完整的人，都是具备德、智、体、美、劳等基本素质的有机体。高校语文教学要克服重知识、轻能力和品德教育的做法，注重学生身心、认知、情感等多方面的发展，促进学生知识、能力、品德教育一体化，促使学生全面协调发展。

（三）发展性原则

发展性原则是指和谐课堂教学要以促进教师和学生共同进步、共同发展为原则。和谐课堂教学不仅包括学生的和谐发展，还包括教师的和谐发展。教师发展是一个自我反思、自我更新的过程，是学生发展的前提与基础，是学校可持续发展的动力。如果教师的发展不能迎合时代要求，就无法实现学生素质的持续性提升。学生的发展是教师教育教学的出发点与归宿，是课堂教学的终极目标。教师和学生的发展相互制约，只有两者共同进步、共同发展，才能达到双赢，才能真正意义上促进课堂教学的发展。

（四）革新性原则

现如今，我国正处于教育体制改革的重要时期。教育要想实现变革，就要让课堂教学迈出坚实的第一步。如果课堂教学仍然故步自封，那么新课程改革目标的实现将遥遥无期。和谐课堂教学模式的构建也要迎合教育改革趋势，以革新性原则为指导。实际上，改革本身就意味着创新和前进，课堂教学应该紧紧跟随新课程改革的步伐，积极进行改革与创新。创新不仅是一个民族进步的灵魂，也是和谐课堂教学高质量发展的不竭源泉。

为了贯彻革新性原则，高校语文教师应从课堂教学各个方面着手，如树立先进的知识观、教学观、学生观和人才观，增强自身创新意识和创新能力，由单一角色转变为多元角色，倡导自主、合作、探究的学习模式，不断加大教育创新的力度，以教育创新推动创新教育。

（五）互动性原则

过分注重学科知识、忽视学生存在的课堂教学并不是和谐课堂应有的教学模式，学生的身心在这样的课堂教学中无法得到和谐发展。社会是人与人交互作用的产物，个体的发展会受到和他人直接或间接交往的影响。和谐课堂教学应该是教师与学生互动、学生与学生互动、师生之间进行心灵对话的重要舞台，应该是教师与学生共同创造奇迹、挖掘内在潜能的活动。因此，和谐课堂教学模式的构建要坚持互动性原则，以加强教师与学生、学生与学生之间的良好互动，促进师生共同发展。

三、和谐课堂教学模式的创设策略

和谐课堂教学是目前课堂教学改革的主攻方向，这是一个漫长、复杂、艰巨的过程。和谐课堂教学模式的创设可以从以下几方面入手：

（一）培养和谐课堂教学的意识

思想意识是行动的先导，人在做某件事时需要在意识的指导下有目的地进行。在课堂教学中，教师和学生是两个最基本的因素，和谐课堂教学模式的创设需要每一个教师和学生的努力，需要全体师生形成强大的合力。因此，和谐课堂教学模式的创设需要师生树立和谐理念，形成和谐意识，充分认识创设和谐课堂教学模式的必要性和重要性，为和谐课堂教学模式的构建打下坚固的思想基础。

1. 明确创设和谐课堂教学模式的价值与意义

创设和谐课堂教学模式的终极目标并非促进学生学科知识的单方面发展，而是促进学生充分、全面、和谐发展。社会主义和谐社会需要的是全面发展的人才，而和谐课堂教学模式的创设有助于学生的身心全面健康发展，输出满足和谐社会发展需要的人才，从而使学生更好地投身于和谐社会的建设中。在实际高校语文教学活动中，不和谐的课堂教学大部分时间都是教师讲、学生听，教师在教学中演"独角戏"，把知识掰开、揉碎，然后再灌输给学生，学生更多是作为观众被动地接受知识。这样的教与学缺乏和谐性，教师缺乏和谐课堂教学意识，和谐课堂教学模式的创设更是无从谈起。

因此，教师要进一步明确创设和谐课堂教学模式的价值与意义，重新定位自己在和谐课堂教学中的地位、角色、使命，全面了解创设和谐课堂教学模式的必要性和重要性，在教学中积极主动地培养与践行和谐课堂教学意识。

2.激活学生的主体意识，树立自我和谐发展观念

主体意识是人们对自身主体地位、主体能力以及主体价值的自我认识、自我觉悟，是主体的自主性、创造性和能动性的表现。学生的主体意识被激活，代表着学生要自觉、主动地参与自身发展，从而实现身心自由、全面发展。从某种意义上来看，学生对自身身心发展的自知、自主、自检的程度，取决于学生主体意识的强弱。学生的主体意识与其参与自身发展的自觉性成正相关，随着学生主体意识的增加，其参与自身发展的自觉性也会随之提升，对其身心发展的自知、自主、自检的程度也会有所增强。

高校语文教师要在自身专业水平和素养方面下功夫，努力成为一个"学习型"教师，在积极地自我学习和反思的基础上，学会选择、合作、分享、创新，最终实现自身的和谐发展。另外，针对和谐课堂教学、和谐社会的构建，高校要不断加大宣传力度，使学生充分认识到自己不仅是和谐课堂教学活动中的重要一员，还是和谐社会的一分子，从而树立自我和谐发展的观念，努力为构建和谐课堂教学模式作出贡献，为和谐社会的发展添砖加瓦。

（二）建立和谐的课堂人际关系

课堂人际关系作为一种心理关系，其具有稳定性，形成于课堂人与人

之间情感与信息交流的过程中。课堂人际关系主要包括两种类型，分别是垂直的人际关系（师生关系）和水平的人际关系（同学关系）。和谐友好的课堂人际关系是滋养学生心灵的沃土，是促进学生全面发展的"助推器"；而冲突、矛盾的课堂人际关系会给师生带来诸多苦恼，不利于师生身心的健康发展。因此，要想塑造全面发展的学生、创设和谐课堂教学模式，就有必要建立和谐的课堂人际关系。

1. 建立亦师亦友的师生关系

教师和学生是教学活动中的两个主要角色，前者在教学活动中起着主导作用，后者在教学活动中居于主体地位，两者之间存在着不可分割的关系，建立亦师亦友的师生关系是两者进行平等友好交流的前提和基础。师生之间的平等友好交流是高校语文和谐课堂教学模式形成的重要条件，具体可从以下几方面着手：

（1）教师转换角色

在和谐课堂教学模式中，教师要转变角色，与学生共同参与到学习中，做教学活动的引导者，而非居高临下的管理者。教师需要给自己重新定位，清楚地认识自己，转变自身观念，做教学活动的引导者、参与者，实现教学相长。

（2）师生互相尊重

一方面，教师要以正确的态度看待学生的主体地位，充分认识到每一个学生都是独立的个体，都具备独立思考的能力，他们面对教学内容有属于自己的见解与看法。由于语文学科的特殊性，有些问题的答案具有不唯一性，学生难免会提出不一样的观点，对此，教师要善于换位思考，站在学生的角度上思考问题，尝试理解学生的想法，包容学生的不同答案。

另一方面，学生也要尊重教师，尤其是尊重教师的劳动成果，明确自身的不足。对于与教师观点不同的地方，学生要深入思考教师的观点，接受教师的教学。只有教师与学生做到真正的相互尊重，两者进行充分交流、平等对话，才能让学生获取更加丰富的知识。

（3）师生互相关心

教师不仅要做好知识的传授工作，而且要关心学生的生活和学习，教师对学生的关心是师生关系的润滑剂。大学生也非常渴望得到身边人的关注，教师对学生生活和学习的关心，通常可以成为学生努力学习的动力。

2.建立健康友好的同学关系

学生的成长会受到来自内外界诸多因素的影响，尤其是同龄人的影响。同学关系的优劣，是影响学生学业成绩、身心健康的关键因素。友好、融洽的同学关系是学生学习和成长的有力推手，对学生的社交能力与情感的发展具有十分深远的影响。反之，矛盾、疏远的同学关系是学生学习和成长以及学业成绩和身心发展的巨大阻力。因此，和谐课堂教学模式的创设需要学生构建健康友好的同学关系。

（1）教师要帮助学生克服自卑和自高自大的心理

部分学生因为家庭条件不好或学习成绩不理想等原因，容易产生自卑心理，不善于、不喜欢与人交往，往往退缩在群体之外。而部分学生因家庭条件优渥、学习成绩优异等原因，则容易产生自高自大心理，看不起那些在某方面比不上自己的同学，并将这些同学排斥在自己的交际圈之外。

无论是自卑还是自高自大的心理，对学生的发展都是百害而无一利的，不利于学生心理的健康发展和交往能力的提升。对此，教师要密切关注学生的交往情况，针对自卑的学生，要让其发现自身的优越之处，为其提供更多表现自我的机会，帮其树立自信心；针对自高自大的学生，要让其认识到自身的不足之处，发现其他同学身上的闪光点，使其学会虚心学习，从而促进同学关系的协调发展。

（2）倡导合作学习和良性竞争

合作意味着双赢，同学之间互相合作、互相讨论、互相鼓励，能够取长补短，最终实现共同发展。在课堂教学中，教师不仅要善于引导学生尝试与同学合作，还要鼓励学生之间建立良性的竞争关系。竞争是动力的前提，动力是进步的基础。在合作学习的过程中，学生要尊重别人的学习方式，在积极发表自己意见的同时，还要耐心听取别人的意见，营造良性的竞争氛围，建立和谐的人际关系。

（3）鼓励学生互评，为学生互评创造机会

学生互评作为课堂教学评价的重要形式之一，是增进学生之间互动交流的有效手段。教师可以鼓励学生以小组合作的形式进行互评，或者制作详细的评价表格来规范学生互评的方法。通过学生互评的方式加强学生之间的交往，协调他们之间的关系。

（三）构建和谐的"教"与"学"关系

课堂教学过程是师生以完成教学任务为目的而进行的交往互动过程，教师的"教"与学生的"学"是相互促进的过程，两者是课堂教学最基本的两个要素，"教"与"学"的和谐是和谐课堂教学的基础。在实际课堂教学过程中，"有教无学""有学无教"都无法使"教"与"学"形成共振效应。教学节奏与学生发展节奏不同步，不仅无法提高课堂教学质量，还会对学生的发展造成不利影响。因此，高校语文教师有必要构建和谐的"教"与"学"关系。

1.正确处理"教"与"学"的辩证关系

"教"与"学"实际上是矛盾的两个方面，两者存在着既对立又统一的关系，通过矛盾运动推动教学的变化与发展。从理论的角度来看，教师的"教"是外因，学生的"学"是内因，外因不可能离开内因而单独起作用。有效建立"教"与"学"和谐关系的关键在于妥善处理教师的主导作用和学生的主体地位之间的关系。

在课堂教学中，学生作为"学"的主体，其自觉性、主动性、创造性是学习的内因，因此，激发学生的学习热情和学习兴趣、调动学生在学习中的积极性是课堂教学的重中之重。教师作为"教"的主体，在教学中起着重要的主导作用，其需要根据教育教学规律开展教学活动，通过引导和启发的方式实施教学，促进学生在知识与技能、情感态度与价值观等方面协调发展。总之，教师"教"的目的在于促进学生"学"。

在课堂教学中，教师的主导作用与学生的主体地位是相互依存、密不可分的有机统一体。教师主导作用的正确和完全实现，是有效调动学生学习积极性、主动性的必要条件；而充分体现学生的主体地位，又是正确发挥教师主导作用的重要标志。和谐课堂教学要求教师坚持"以生为本"，换言之，就是要明确并突出学生的主体地位。教师是学生学习的组织者、帮助者和促进者，学生的"学"需要仰仗教师的"教"，学生主体地位的确立需要以教师的有效引导为基础。教师主导作用的着眼点必须是"学"，课堂教学目标也必须通过"学"来体现。因此，教师主导作用的出发点一定是学生主体作用的发挥，由此才能保证教师主导作用与学生主体地位的有机统一，从而充分调动学生的自觉性和积极性。

2. 实现"教"与"学"诸方面的统一

（1）"教"与"学"目标要统一

目标通常是指人们从事某项活动所追求的预期结果。目标可以让学生明确其学习目的，有利于端正学生的行为动机、激发学生的学习热情。教学目标是指教学活动的预期结果，对教学活动具有激励和指导作用。新课程改革强调三维教学目标，分别为知识与技能、过程与方法、情感态度与价值观。教师需要努力将三维教学目标转化为学生的学习目标，帮助学生充分认识三维目标的含义与意义，促使学生自我激励、自我调控、自我检验，为达成教学目标奠定基础。

（2）"教"与"学"思维要统一

在实际教学过程中，倘若教师和学生的思维活动能够保持一致，就可以取得显著的教学效果。为此，教师需要根据学生的认知特点和认知水平，站在学生的角度设计并思考问题。教师可以构建问题情境，激发学生的求知欲望。在难度适中、新颖有趣的问题启发下，使学生开动脑筋、勤于思考、反复推敲，最终得出结论。这样一来，教师和学生的思维活动有效联系起来，教师循循善诱，引导学生向同一方向思考，问题解决的方法就由主导方传递给主体方，进而实现教师"教"向学生"学"的转变。这样做不仅能充分发挥学生的主体性，还能顺利达成教学目标。

（3）"教"与"学"的方法要统一

"教"与"学"是一对矛盾的统一体，是教学过程中辩证统一的两个方面。因此，教法与学法属于"同源之水"，是一个问题的两个角度。教法的研究角度是如何教，而学法的研究角度是如何学。从本质上来看，教法包含学法，渗透着学法指导。教师只有真正掌握学习的规律、影响学习的可变因素，在此基础上为学生的"学"提供指导，才能探索出很多效果显著的教法。学习本身是一种认知活动，学生只有选择与自己认知规律、认知水平相符的学法，教育的四大支柱才能形成，即学会求知、学会做事、学会共处、学会做人。因此，教师要牢固树立"以学定教"的教学方法观，主动将教法与学法紧密结合，让教的规律符合学的规律，让教法适应学法，实现以学法定教法。

（四）构建和谐的课堂教学评价体系

课堂教学评价是以教学目标为依据，对课堂教学质量进行的全方位评定，其能够为教师优化教学过程提供有效的反馈信息。和谐课堂教学离不开和谐课堂教学评价，和谐课堂教学评价应该充分体现新课程理念，注重形成发展性课堂教学评价，致力师生关系、生生关系的和谐发展，促进教师与学生的共同进步与提升。

1. 评价目标多元化

为给学生提供不同选择，使每一个学生在学习过程中各取所需、各尽所能，得到不同程度的提升与发展，高校语文教学就需要建立多元化的评价目标。多元化评价目标的功能主要包括：体现学生的学习效果与进步情况，激发学生的学习动力；诊断学生学习中的现存问题，使教师有针对性地调整教学过程；帮助教师全方位了解学生的学习历程，调动学生学习的主动性和积极性；端正学生的学习态度，培养学生积极的态度、情感及价值观，引导学生树立自信心。

2. 评价主体多元化

教学过程是一个多主体参与、多维互动的过程，所以，课堂教学评价不仅要有教师的参与，也要有学生的参与。学生参与课堂教学评价是实现评价主体多元化的重要途径。学生参与课堂教学评价的主要目的在于，培养学生的自主意识和反思能力，为学生的学习和发展注入动力。

3. 评价内容多维度

教学评价内容如果局限于对学生学习成绩的评价，那么就不利于学生的全面发展。和谐课堂教学评价强调设计多维视角的评价内容，对学生的发展状况进行综合衡量与判断，教师在关注学生学习成绩的同时，还要对学生的"记忆""思维"等认知层面进行考查。教师要充分尊重学生的个体差异，由衷地认可个体发展的独特性，对学生进行积极评价，挖掘学生的多方面潜能，掌握学生发展中的需求，帮助学生悦纳自己、增强自信。

4. 评价方法多样化

对于不同的评价内容，要采用恰当有效的评价方法，如对于学生的知识和技能掌握情况，应有机结合量化评价和质性评价；对于情感与态度方面的教学评价，应综合考查学生的学习参与度、投入度等。考试作为一种重要的教学评价方式，应当采取开放性、动态性、灵活性的测评方式，以考试目的、对象、性质为依据，通过论文撰写、产品制作、辩论等方法对学生进行测评。教师不能将考试作为唯一的评价手段，要探索和应用更多的质性评价方法，如行为观察、成长记录档案、情景测验等，来提高评价结果的信度与效度。

　　总之，和谐课堂教学是和谐教育的重要组成部分，更是和谐社会的一部分，因此，和谐社会的建设离不开和谐课堂教学模式的创设。和谐是高校语文课堂教学的永恒追求，只有真正实现"教"与"学"的和谐统一，才能减轻学生的负担，促进学生充分、和谐、全面发展。

第三节 生态课堂教学模式

生态课堂是一种全新的教育追求，是师生充分展现智慧的场所。师生在生态课堂中如同一个交响乐团，和谐地演奏着动人心弦的乐曲，诗意地栖居在课堂上。

一、生态课堂与语文生态课堂的概念解读

（一）生态课堂

生态课堂是一种强调学生、教师、教学内容与环境之间和谐共生、相互促进的教学模式。它旨在营造开放、动态、平衡的学习环境，使教学活动更加贴近学生的实际需求，促进学生全面发展。生态课堂将课堂当作一个由教师、学生、环境等若干个生态因子组成的微观生态系统，不同生态因子之间彼此制约、相互促进，处于一种动态平衡的状态。生态课堂强调学生在课堂教学中平等、民主的地位，课程学习、生命发展等多维目标都可以有效实现，学生个性成长能够得到有力保障，并且随着教学效果和生命价值的不断提升，师生的能力也会与日俱增。

（二）语文生态课堂

语文生态课堂是生态课堂在学科教育中的精细化划分，是指师生以语

文知识为交流基础，在民主、平等、共生的课堂教学环境中依据师生协同发展理念，使每一个学生都具备足够的学习领悟时间，并拥有广阔的自主发展空间。语文生态课堂能使学生在语文能力上得到持续性增强，不断提升自身的语文素养。语文生态课堂旨在用语文的本真激发学生主动学习的内在动力，用民主、愉悦、宽松的教学环境提高学生的学习参与度，让学生习得知识、个性飞扬，让语文课堂焕发生命活力。

二、高校语文生态课堂教学的本质和价值追求

（一）高校语文生态课堂教学的本质

作为一种以人为本的课堂，生态课堂是教师追求的理想课堂。高校语文生态课堂遵循社会主义核心价值观，强调教育要坚持以人为本，实现从民族文化、社会文化到微观课堂文化的重建，关心人、爱护人、尊重人，在高校语文生态课堂中注入人文关怀。从价值观角度来看，高校语文生态课堂的关注点在于教师与学生生命的共同发展，侧重培养学生的意志、情感和抱负，其所彰显的教育价值是一种对人的关注、关怀与提升。

与传统课堂相比，我们会发现，生态课堂的指导思想是生态哲学思想，生态课堂系统内部各个因子之间在进行信息、物质、能量的交换时具有稳定性、平衡性特征，因此，生态课堂是一个开放且富有活力的课堂。

从本质上来看，高校语文生态课堂是一种新型课堂教学范式。其从生

态学角度出发，对高校语文课堂教学现象进行思考与分析，对高校语文生态课堂中出现的各种教育教学问题做出合理的解释；将课堂当作一个由教师、学生、教学环境等诸多因子组成的生态系统，强调课堂的整体性、生命性、开放性等特征；以教师与学生生命的和谐与可持续发展为价值取向。

（二）高校语文生态课堂教学的价值追求

生态课堂主张反思型、批判型的知识观，质疑知识的客观性、确定性，强调知识不是静态的，而是动态的，即知识具有动态性。具体来说，知识本身是对现实的解释，而非现实的准确表征；知识需要在具体问题当中进行有针对性的再创造，它无法对世界法则做出精准的概括；知识的外在形式是以个体已有经验为基础进行重新建构，并逐渐形成内化思维中的具体形式，无法脱离个体以实体形式存在。高校语文生态课堂教学，应该是一种充分体现人文关怀的教学，学生应该努力成为主动状态下的意义建构者，而非被动状态下的信息接收者。

从认识论角度来看，生态课堂推翻了原有显性思维的重要地位，在关心教学预设达到情况的同时，还侧重对教学过程复杂性、多元性的充分体现。

生态课堂与传统课堂的最显著的区别之一在于融入了更多的生命关注，它的出发点并非知识，落脚点也并非学生成绩，而是落到了学生的幸福成长、终身发展、生命可持续发展上。为塑造出高质量、可持续发展的全面人才，高校语文生态课堂教学在构建过程中也需要落实全面、自组织、可持续原则。

三、高校语文生态课堂教学的特征

高校语文生态课堂注重创设一种平等互利、生命交互、动态发展的课堂教学氛围，其有着显著的生态特征。

（一）系统的整体性

高校语文生态课堂系统一旦形成，就不能将内部各要素割裂开来。如果强行分开这些要素，就会打破系统的整体性、有序性和稳定性，使该系统丧失原有的优势和功能，造成高校语文生态系统的失衡。因此，必须将高校语文课堂教学中的各大因素视为有机整体来看待与评价。

具体来说，高校语文生态课堂系统的整体性涉及多方面，主要包括教学目标、教学内容和教学实施等。其中，教学目标是高校语文生态系统中师生的基本诉求，其目的在于让师生在认知、情感、价值观等方面得以提升，从而实现师生的共同进步、全面发展。在实现教学目标的过程中，不能偏袒任何一方，否则教学就只能算是不全面的教学，是一种存在缺陷的教育，导致教师与学生发展的失衡。教师对教学内容要从宏观角度进行把握，即学生生命成长的角度，这就要求教师要善于将语文知识与其他学科知识有效联系在一起，消除学科之间的壁垒，将关注点由完成教学任务转移到培养知识技能、情感素养上。教学实施策略的选择不仅要围绕教学目标、教学内容进行，还要与教学对象的特点相符，这样才能形成教学过程的整体性。

（二）教学的生命性

高校语文生态课堂是一个开放且富有生命力的生态系统，教学的生命性是高校语文生态课堂的本质特征。无论是教师还是学生，他们都是一个个鲜活的生命，都是课堂教学中的主要角色，与其他客观事物存在着本质区别。因此，教师在高校语文生态课堂教学中要关注学生个体的生命性，尊重并理解学生，摒弃功利化的教学模式，将学生的学习活动视为提升他们生命质量和品格的过程，让高校语文生态课堂"活"出生命的意义。

高校语文生态课堂的终极目标在于促进师生的和谐共生、全面发展，所以，高校语文生态课堂的教学具有人文关怀，焕发着生命活力。教师通过传授知识技能、组织情感交流活动，帮助学生获取知识技能，培养学生正确的情感态度，为其塑造正确的世界观、人生观和价值观，促使教师与学生的生命价值得到同步提升。

（三）课堂的开放性

高校语文生态课堂中的各生态因子都不是固定不变的，而是处于动态发展的过程，它们通过彼此交换信息、物质、能量来实现自我革新与成长，从而达到构建生态课堂的目的。从生态课堂本身来看，由于师生的认知水平、情感价值有所不同，所以他们在课堂教学中获取到的信息也各不相同。这种影响主要体现在信息的反馈方面，教师在教学中的信息反馈影响着学生的学习活动，学生在学习中的信息反馈影响着教师的教学活动。在此过程中，师生能够实现思想观念的碰撞、知识的积累、情感价值的交流，从而形成完整、有序的课堂教学，使高校语文生态课堂教学始终保持自我调节、动态平衡、多元发展的状态。

四、高校语文生态课堂教学模式的构建策略

高校语文生态课堂是一个富有生命活力的微观生态系统，其在高校中的应用有助于实现高校语文课堂教学中各个生态因子的共同发展。高校语文生态课堂教学模式的构建可以从以下几方面入手：

（一）注重开发生态教学资源

1.重视隐性课程的生态教学资源

隐性课程是相对于显性课程而言的，其是对显性课程的补充。显性课程是指学校教育中有目的、有序开展的"正式课程"，其实就是学生平时在课程表上可以看到的课程。而隐性课程则是指不包括学校规定的学科课程在内的，对学生知识、态度、价值观具有熏陶和感染作用的非预期课程。充分开发隐性课程的生态教学资源，既能优化课程结构，又能为学生实践提供更广阔的平台，对学生的审美素养和人文修养产生润物细无声的影响。

根据呈现状态的不同，隐性课程资源可以划分为三大类型，即物质文化资源、精神文化资源和行为文化资源。其中，物质文化资源主要包括学校所处地理位置、周边环境、建筑风格、教室陈设等；精神文化资源主要包括办学宗旨、学校制度、校风学风、文化氛围、人际关系等，这些资源可以潜移默化地影响学生的个性，提高学生的人文素养；行为文化资源主要包括课堂教学中各种人际关系行为体现出的文化资源，如教师的人格魅力、学生个性表达、交往礼仪文化等。

高校语文隐性生态课程资源的开发与利用能够使学生摆脱课本的束缚，与自然、现实、社会进行近距离接触，从而更好地感受生活、认识生活，并积极主动地进行学习。

2. 拓展生态教学资源的开发途径

（1）编写以人为本的生态教材

教材是教学活动中必不可少的资源，教材质量的优劣对高校语文教学效果具有直接影响。首先，高校语文生态教材的编写要充分体现生态化，坚持以人为本的根本理念，根据学生的身心特征编写教材，致力于学生的全面发展。其次，高校语文生态教材的编写还要兼顾时代性特点，融入最鲜活的现代生活，实现教育与时代的同频共振。最后，教材中篇目的选择要体现开放性，要与政治、经济、历史等联系起来，与国际国内形势结合起来，与主流价值观形成共鸣。

（2）考虑教学资源与目标人群的契合度

在编写高校语文生态教材时，编写者需要充分考虑教材内容与目标人群的契合程度，主要包括动机、兴趣爱好、经历、词汇语言水平、特殊语言要求等，这些都是衡量教学资源与目标人群契合度的重要因素。

（二）打造高校语文的生态型教师形象

1.转变教师的教学理念

教师只有先塑造自己，才能塑造学生。教师要摆脱传统观念的束缚，树立开放的绿色生态课程观。

（1）树立生态意识

教师要充分了解生态文明、生态文化，特别是教育生态学，只有这样才能进一步理解生态意识，并将其内化到自己的教学之中。唯有教师形成生态教育理念、树立生态意识，才能用开放的眼光看待教学资源，才可以全面了解教育生态系统的特点，并有针对性地优化高校语文教育系统，真正将高校语文变成绿色生态课程。

（2）注重生命教育

生态价值观将生命价值作为最高级的价值追求，而教育的主要任务之一就是回归和实现人的生命价值，让学生的生命质量更上一层楼。在实际教学中，高校语文教师可以利用丰富的教学资源，帮助学生充分认识生命的价值；通过精心设计教学环节，为学生追求生命价值注入强大的动力；引导学生进行审美体验，让学生深刻感受到生命的美好；组织丰富多样的实践活动，端正学生的生命态度，增强学生的生命意识。

2. 提高教师的综合素养

（1）重视自己的人格魅力

人格是教师专业发展的内在动力，对学生具有非常重要的影响。为增强自身的人格魅力，高校语文教师可以从以下几方面入手：首先，热爱岗位，全身心投入教学。高校语文教师必须热爱语文学科和语文教学，对教学工作展现强烈的热情和积极性，从而激发学生的学习热情。其次，严于律己，谨言慎行。教师的言行举止在学生眼中往往具有放大效应，这就要求教师要严格规范自己的言行举止，学为人师，行为世范。最后，践行师德，为人师表。一个对学生没有仁爱之心的教师，将无法以自身的人格魅力影响学生。因此，教师要加强对学生情感的关注，平等对待学生，课上课下积极回应学生。

（2）展现教师的独特个性

教师的职业形象包括文化、道德、人格等，它从整体上反映了教师的精神风貌、精神状态以及行为方式。教育是发生于一定社会背景下的实践活动，对个体的社会化、社会的个体化具有促进作用。在倡导个体生命价值的高校语文教学过程中，教师不仅要重视和发展学生的个性，还要充分展现自己的独特性，发挥自己对学生的示范作用。如果教师对任何事情都善于独立思考，对文本有自己独到的见解，就能在无形之中引导和带动学生不迷信权威，勤于思考，勇于创新。

参考文献

[1] 陈慧仙 . 旅游高职院校大学语文课程研究 [M]. 昆明：云南大学出版社，2017.

[2] 邓钗 . 互联网时代大学语文教学策略创新研究 [M]. 北京：九州出版社，2021.

[3] 窦昕 . 语文应该怎么学 [M]. 北京：团结出版社，2021.

[4] 高淑萍 . 语文路上静待花开 [M]. 郑州：大象出版社，2018.

[5] 郭明俊 . 高职院校语文课程教育研究 [M]. 天津：天津科学技术出版社，2018.

[6] 洪华平 . 高校语文教学与和谐课堂创设研究 [M]. 北京：国家行政学院出版社，2018.

[7] 侯丹 . 大学语文创新教育研究 [M]. 长春：吉林人民出版社，2018.

[8] 姜恩庆，张朝丽，孔庆庆 . 大学语文 [M]. 厦门：厦门大学出版社，2020.

[9] 李春，徐曼 . 新编大学语文 [M]. 西安：西安电子科技大学出版社，2021.

[10]李莉，刘晓飞 . 大学语文 [M]. 长沙：中南大学出版社，2021.

[11]刘春梅 . 大学语文教学与职业素养培养 [M]. 长春：吉林摄影出版社，2019.

[12]刘永康 . 语文课程与教学新论 [M]. 北京：高等教育出版社，2011.

[13]吕书宝 . 大学语文与写作 [M]. 北京：中国书籍出版社，2020.

[14]马勇，冯大财，卢向天 . 语文课堂说写能力的发展 [M]. 长春：吉林人民出版社，2019.

[15]毛华中 . 大学语文教学实践的多视角研究 [M]. 长春：吉林人民出版社，2022.

[16]毛丽 . 大学语文教学与传统文化研究 [M]. 北京：北京工业大学出版社，2021.

[17]潘丽莎 . 新理念大学语文教学研究 [M]. 哈尔滨：黑龙江教育出版社，2020.

[18]钱加清 . 语文课程与教学论 [M]. 济南：山东人民出版社，2008.

[19]邵子华 . 大学语文教育学 [M]. 北京：人民文学出版社，2016.

[20]孙娟娟 . 大学语文教学改革理论与实践研究 [M]. 北京：中国商务出版社，2019.

[21]谭帆，杨建波 . 大学语文论坛 [M]. 上海：华东师范大学出版社，2021.

[22]王建军，缪葵慈，陶家骏 . 汉语国际教育与语文教育研究论集 [M].

苏州：苏州大学出版社，2020.

[23]王君君.大学语文教学及课堂语言艺术研究[M].长春：吉林人民出版社，2019.

[24]王艳玲.大学语文[M].北京：清华大学出版社，2021.

[25]文智辉.大学语文教育与教学研究[M].长沙：湖南大学出版社，2019.

[26]吴忠湘，冯桂华.核心素养背景下高校语文教育教学研究[M].长春：吉林大学出版社，2022.

[27]谢东华，王华英.互联网＋环境下高职语文教学模式改革研究[M].长春：吉林人民出版社，2017.

[28]徐向阳.语文名师教学技艺九讲[M].北京：九州出版社，2020.

[29]杨建波，石锓，张鹏飞.大学语文论丛[M].武汉：华中科技大学出版社，2021.

[30]杨永芳.大学语文教学技能[M].开封：河南大学出版社，2010.

[31]张宏燕，凌永刚.大学语文基本功训练[M].北京：北京理工大学出版社，2013.

[32]赵翠明.高校语文教育教学研究[M].天津：天津科学技术出版社，2023.

[33]赵东明，李林徽.大学语文[M].北京：中国商务出版社，2014.